ヨーロッパ史跡巡歴

── ローマ文明の周縁を歩く ──

橋 本 龍 幸

Tatsuyuki Hashimoto

あるむ

はしがき

　史跡に近づき、その場に立つと、文字や写真では得がたい感覚が生まれて
くる。近年、ヨーロッパの史跡を訪ねていて、私は目の前の光景に引き込ま
れ、浮かんでくる情景に胸打たれることがしばしばあった。いくつか例をあ
げてみたい。

　スイス東端の集落シュクオルは、アルプス山脈を抉るイン渓谷にへばりつ
くように佇んでいた。背後には夏でも雪渓が残る高い峰が聳えていた。ここ
ではローマ時代のラエティア地方の言葉に由来するロマンシュ語が話されて
いた。住民たちは、高い峰と深い谷に閉ざされて、ラテン系言語を守り続け
てきたローマ人の末裔のように思われた（Ⅱ.2）。

　南仏カンヌ沖に浮かぶサン・トノラ島は、自然林に覆われ、野花が咲き、
澄んだ海水が海辺の岩を洗っていた。この島は「静寂を敬い慎み深い装いの
人」のみ受け入れられる、5世紀初頭に創設されたレラン（ス）修道院の島
である。島の南端には要塞のような旧修道院が海のなかに立ち、中央部には
地中海の陽光に輝いて新修道院が立っていた。その光景はレラン修道院の苦
難の歩みと強い生命力を映し出していた（Ⅲ.1）。

　イングランド北東海岸沖に浮かぶリンディスファーン島は、干潮時に現れ
る一本の土手道で本土と繋がる小島である。土手道の先には春でも灰色の空
と鉛色の海の間に薄黒い岩や砂地、沼地が広がる荒涼とした世界があった。
島の中心部には古い修道院の遺構が北海から吹き付ける風に晒されて立って
いた。ここには有名な装飾写本『リンディスファーン福音書』を生み出した
ケルト的修道精神が漂っていた（Ⅲ.6）。

　レコンキスタ（国土回復運動）の発祥地であるスペインのアストゥリアス
地方は、険しい山脈と山地の迫る海岸線に囲まれた自然の要塞である。その
中心都市オビエドの郊外にあるナランコ山には、プレ・ロマネスク様式の小
さなサンタ・マリア・デル・ナランコ教会とサン・ミゲル・デ・リーリョ教

会がひっそりと佇んでいた。そこに立つとレコンキスタの息吹に包まれたように感じた（IV. 1）。

　本書は史跡を訪ね、その場の空気に浸り、そこで見た光景を感じたままに綴った旅の記述である。取り上げた史跡は、近年、私が訪れたヨーロッパの古代から中世への転換期に関わる史跡である。その構成は、まず最初に、I. 古代地中海文明を各地に放射したローマの植民都市を取り上げ、ついで、II. 地中海とアルプス以北の世界を地理的に繋ぐアルプスの峠道や山間の集落を挟む。その上で、本書の主題となるが、III. ヨーロッパのキリスト教化、具体的にはその布教に努めた古い修道院や教会、さらには、IV. レコンキスタやサンティアゴ巡礼に関わる史跡を取り上げる。

　ヨーロッパのような遠地の場合、交通機関が発達した今日でも史跡を訪ねるのは容易でない。そのため文献のみに依拠した見方が支配的になりがちであるが、この小書を通して史跡の現場に立つ楽しさや意義が読者に伝わり、新たな感覚、ことに地理的感覚をもって文献を読み歴史を考える姿勢が少しでも高まれば幸いである。なお、本書は拙著『ヨーロッパ史跡探訪──歴史への誘い』（南窓社、2011年）の続編にあたる。

目　次

大 西 洋

アイオナ島　エディンバラ
バンガー
アーマー
ダブリン　ダラム　リンディスファーン島
ウィットビー

北 海

ロンドン　レーワルデン
ユトレヒト
ベルリン

ブリュッセル
エヒタナッハ　フリッツラー
ビュラブルク
パリ　トリーア
ポワティエ　アヌグレイ
リグジェ　リュクスイユ　レーゲンスブルク
パッサウ
フライジング　ウィーン

サンティアゴ・デ・
コンポステラ　リヨン　シュクオル　インスブルック
ヴィエンヌ　ブレンナー峠
オビエド
ピ
レ
ネ
ー
山
脈　アルプス山脈
レオン
ブルゴス　マルセイユ　カンヌ
ニース
マドリード　タラゴナ　ジローナ　サン・トノラ島
バルセロナ
ガディス　ズビアコ
タリファ　ジブラルタル　ローマ
ジブラルタル海峡　モンテ・カッシーノ
タンジェ　セウタ　地 中 海

史跡全図

♣ 史跡　　○ 主要都市

ヨーロッパ史跡巡歴

──ローマ文明の周縁を歩く──

I

ローマ植民都市

タラゴナのローマ城壁

Ⅰ-1　地中海を望むタラゴナの長官の像

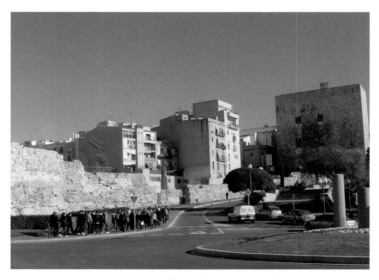

Ⅰ-2　長官の塔や城壁と混在する民家

I-3　アウグストゥス・リヴィア神殿

I-4　ヴィエンヌ野外劇場

I-5　ポルタ・ニグラ（「黒い門」）

I-6　トリーアのカイザー・テルメン（皇帝浴場）

　ヨーロッパを歩いていると、各地で神殿、劇場、競技場、浴場など古代の遺跡に出会い、また都市部ではしばしばギリシア・ローマ風建築様式の建造物を見ることができる。ヨーロッパにはローマ人が持ち込み、輝かせ、各地に放射した古代の地中海文明が今日もなお存在している。ここでは近年、私が訪れたローマ植民都市のうち、地中海西岸のタラゴナ Tarragona、ローヌ川流域のヴィエンヌ Viennne、モーゼル川流域のトリーア Trier を取り上げる。

1　地中海西岸のタラゴナ（スペイン 2012年3月）

　3月中旬の夕刻、私はスペインのバルセロナ郊外にあるプラット空港に降り立った。市内へのアクセスを思案しながら構内を歩いていると、上段にカタルーニャ（カタロニア）語、下段にカスティーリャ（スペイン）語で書かれた案内標識がいくつか目にとまった。また、バルセロナ市内に入ると、黄金色の地に4本の赤い横縞の入ったカタルーニャ州旗が街路や住居の窓辺に吊るされているのが目に入った。これらの標識や旗を見て、私は、いま、自分が独自の文化をもち独立志向の強いカタルーニャ地方に来ているのだと実感した。

　タラゴナもカタルーニャ州に属する都市である。この都市はバルセロナから西方へ約80キロ離れた地中海沿岸に位置する、日本ではあまりよく知られていない人口約14万人ほどの一地方都市であるが、ローマ人がタラーコ Tarraco と呼んだこの都市はローマがイタリア半島および地中海の島嶼の征服後に最初に築いた海外都市であって、その港が西地中海域のローマ化の玄関口となった、歴史上、注目に値する都市である。

　バルセロナ到着の翌日、私はサンツ駅を午前9時ごろに発つ列車でタラゴ

ナに向かって出発した。朝のバルセロナはどんより曇っており、明るい地中海を見ることができるかどうか心配しながら列車に乗り込んだが、幸いにも空は次第に晴れてきて車窓から地中海が美しく輝いて見えるようになった。1時間ほどでタラゴナに着き、駅舎を出ると椰子の木の間から明るく美しい街並みが見えてきた。

　タラゴナは、第2回ポエニ戦争（前219−前201年）時にカルタゴと対峙したローマ軍がこの地に要塞タラーコを建設したことに始まる（前218年）。これ以降、この地は属州ヒスパニア経営の中心地となり、西地中海域のローマ化の拠点として栄えた。当然、ローマ歴代の権力者たちはここを訪れてさまざまな特権を付与した。ユリウス・カエサル（前100頃−前44）はその勝利を記念してコロニア Colonia Iuria Urbs Triumphalis Tarraco の名称を与え、初代ローマ皇帝アウグストゥス（位前27−14）はしばらくここに滞在し（前26−前25年）、この都市をヒスパニア・タラコネンシス州の首都として急速に都市化を進めた。多くの公共建造物が建設されたのはこの時期である。またスルピキウス・ガルバ帝（位68−69）はここで皇帝を宣言し、五賢帝に列せられているヒスパニア出身のトラヤヌス帝（位98−117）やハドリアヌス帝（位117−138）もこの都市に政治的・文化的諸特権を付与している。これ以後、タラゴナは繁栄し、この地方の中心都市としての地位を保っていく。この都市がバルセロナにその地位を譲るのはイスラムのウマイヤ朝（661−750年）の侵攻によって破壊された8世紀初頭のことである。

　午前10時ごろタラゴナの駅舎を出ると、私はまず海岸線に沿って北東方面に歩き、西北方向に走るタラゴナの目抜き通りランブラ・ノバを見ながら"地中海のバルコニー"と称される高台の公園に着いた。高台には、地中海を見下ろして、タラコネンシス州を統轄した属州長官の巨大な像が立ち（口絵 I −1）、眼下には紺碧の地中海がひときわ美しく映え、西南方向にはタラゴナ港が展望できた。また高台の東側には猛獣の陸揚げに便利なように海辺に築かれた、保存状態の良い野外円形劇場が見られた。この辺り一帯が属州ヒスパニアのローマ化を推し進める拠点となった地域のはずである。この雄大な景観を見て、私はここには文献や地図では読み取り難い、ヒスパニア進

ランブラ・ノバ通り

高台から見た現在のタラゴナ港

タラゴナ野外円形劇場

出を目指す古代ローマ人たちの強い意気込みが漂っているように感じた。

　この高台の北側には初代ローマ皇帝の名を冠したアウグスタ通りが走っている。それはイベリア半島の地中海沿岸をカディスまで貫くローマの主要道路であった。その北側をサント・アントーニ通りが並行して走り、両道路が交差する南西部のロータリー付近には、現在は道路や建築物の建造でほとんど破損されてしまっているが、当時は3万人もの観衆を収容できる、戦車競技などで人気の高かったローマ競技場があった。

　タラゴナはおおむね海岸線に沿った平地と、城壁で囲まれていた丘陵地で構成されている。港から旧城壁に広がる平坦な地域は住宅地帯であるが、今日も各処にローマ遺跡が残っている。円形劇場、タラーコ・フォルム（ローカル・フォルム）、ローマ劇場、ローマ浴場などである。2世紀に建造された円形劇場はローマのコロッセウムと同じく剣闘士や猛獣の闘いにも使われ、キリスト教徒が迫害され殉教した場所としても知られている。なお、時間の都合で訪れることができなかったが、郊外の北西約4キロの地点に紀元1世紀に建造されたラス・ファレーラス水道橋も残っている。それは"悪魔の橋"という異名をもつ、スペインではセゴビアの水道橋についで規模が大きく保存状態も良い水道橋である。

　タラゴナにおける最初のキリスト教関係の史料は、紀元259年にタラゴナ司教フルクトゥオソスが彼の弟子たちとともに前記の円形劇場で殉教したことを伝える記述である。これはヴァレリアヌス帝（位253−260）の第2勅令によって迫害されたときのものであろう。この殉教に関する記述は、地中海東部から広まったキリスト教が3世紀ごろまでにはローマ化とともに地中海西部の都市部に浸透し、タラゴナにも教会組織が確立され、信仰に殉じて死につく多くの信者がいたことを物語っている。

　サント・アントーニ通りの北西にある丘陵地は城壁に囲まれていた旧市街の中心部であり、おおむね裾野の住居地帯、タラコネンシス州フォルム（大フォルム）のあった高台、そして最も高い聖域に分けられる。ローマの城壁は共和政時代の前217〜前197年と前50〜後125年にかけて築かれた。今日では大部分が取り壊されているが、案内書によれば旧市街の丘を取り巻く約4キロのうち1.1キロほどが残っている。もちろん、中世や近代に幾度も修復され増築されているが、その遺跡は「タラゴナ最古のローマ記念碑」であ

「狼の乳を飲むロムレスとレムス」の像

り「イベリア半島最大の記念碑」とも紹介されている。

　丘の北東部には旧市街に入る堅固な城門があり、その前の広場にある噴泉塔にはカタルーニャの旗が掲げられていた。その光景は古代都市タラーコがカタルーニャに属していることを明示しているように映った。城門を通って迷路のように交差する狭い石畳の路地を歩くと、商店や住宅、レストラン、カフェ、土産物店などが並び、その間に考古歴史博物館、古代武器博物館、さらには長官の塔（長官公邸）などが立っていた。

　考古歴史博物館はあいにく工事中であり、残念なことに当日は入館できなかったが、玄関先に「狼の乳を飲むロムルスとレムス」の像が置かれているのを見て、「ローマ最初の海外都市」に生きる市民たちの誇りを表しているように映り、印象深く記憶に残っている。長官の塔は大フォルム周辺にあった州関係の建造物群に属し、中世には修築されてカタルーニャ・アラゴン王の宮廷となり、その後はノルマン王やバルセロナ伯にも利用されてきた。この建造物が「王の塔」とも呼ばれる所以である。この巨大な塔は地中海を見下ろして立っており、歴史上、長くヒスパニアの権力の象徴と見なされてきたように映った（口絵Ⅰ-2）。

　丘の北西部には城壁沿いに造られた「考古学散歩道」と称される静かな遊歩道があった。この小道を歩くと、周囲には遺跡群が公園風に整備され、城

壁沿いの高所には物見台や近代に設置された数門の大砲が置かれ、眼下には
タラゴナの街並みが展望できた。

　旧市街の中央をほぼ南北に走るマイヨール通りを北方向に上り詰めると、
正面に聖母マリアを祀るサンタ・マリア大聖堂が現れた。この辺りが旧市街
の最も高い地点であり、ローマ時代の聖域であって、アウグストゥス帝の生
存中はここにローマの神がみを祀る祭壇が設置され、同帝没後には彼を祀る
神殿が建造された。ローマ帝国崩壊後、この聖域には西ゴートの教会、つい
でイスラム支配下に入るとモスクが建てられ、レコンキスタが進むと大聖堂
が建造されたのである。

　このカテドラルは12世紀後半（1171年）にロマネスク様式の聖堂として建
設が開始されたが、14世紀にはゴシック様式が取り入れられ、正面は大き
なバラ窓のあるゴシック風ファサードであり、内部には立派な周廊を伴った
美しい中庭があった。また、カテドラルの両側には聖堂関係の建造物が立っ
ていた。向かって左側は宗教行事を催す劇場プラ・デ・ラ・セウ Pla de la
Seu であり、右側は聖堂家令邸宅とも言うべきカンブレア宮殿があった。も
ちろん、これらは中世風建造物であるが、一瞥して礎石や石柱はローマ時代
のものの再利用であることがわかるものであった。

　聖域を一段下りたところにマイヨール通りと交差して東西にメルケリア通
りが走り、その通り沿いに半円形のゴシック・ポーチが並ぶ立派な中世風建
造物があった。この建物も中世に建造されたものであるが、その礎石や石材
も明らかにローマ時代の遺跡から取り出して再利用したものであった。

　建物だけではない。旧市街の高台を区画する道路そのものが、修復されて
はいるが基礎はローマ時代のものであった。一本奥に入った石畳の小路など
は古代を偲ばせるような趣のある空間であり、そこでゆったりと談笑してい
る人びとを見ると、あたかもローマ人に出会ったかのように思われた。

　道路の両側に立つ家屋は多くが上階に人の住むマンション風の建物であっ
たが、それらも古代の建造物の土台や壁を利用し、また遺構と遺構の間に
立っており、その窓辺には洗濯物が干され鉢植えの花が飾られてもいた。
こうした生活の臭いが漂う遺構周辺の空間を見て、私は住民たちが日ごろ
「ローマ」を肌で感じながら今を生きていると思った。また、窓辺には波状
横縞のタラゴナ旗やカタルーニャ州旗が吊るされているのも見かけた。その

| マイヨール通りとカテドラル | ゴシック・ポーチの並ぶ中世風家屋と
フランスから来た修学旅行生 |

光景は住民たちがタラゴナ市民であり、同時にカタルーニャ人でもあることを自覚し誇りに思っている証であるように映った。旧市街を散策していて、私はいま古代から現代までの時間が凝縮された空間を目の当たりにしているのだとも感じた。

　この高台を歩いていると若者の集団に出会った。フランスのランスからピレネー山脈を越えてやってきた高校生たちであった。彼らは修学旅行の途中であり、教師が引率して遺跡や建造物を説明していた。タラゴナは古代史を学ぶ貴重な史跡なのである。フランスの高校生には後日、ローマ水道橋のあるセゴビアでも出会った。この時期は復活祭の休暇を利用した彼らの修学旅行の時期であった。

　タラゴナは2000年11月に「タラゴナ考古遺跡群」としてユネスコの世界遺産に登録されている。丘上の旧市街地はローマ時代の都市構造をよくとどめ、遺跡や遺構は修復工事が進められて入念に保存がなされようとしてい

た。そこにはローマ最初の海外植民都市タラーコを受け継いだ市民たちの自覚や誇りが窺われた。もちろん、タラゴナもバルセロナやジローナ（ヘロナ）と同じくカタルーニャの一都市であり、地中海に育まれた明るい海洋性都市としての雰囲気を共有していた。しかし、この都市を歩いてみて、バルセロナやジローナほど独立に対する強い熱気が漲っているようには感じられなかった※。都市の規模が異なるので一概に比較はできないが、タラゴナの旧市街に漂っていた2000年以上に及ぶ歴史の重みが、少なくとも私の意識のなかで、独立を志向するカタルーニャの熱気を和らげているようであった。長い時空を超えて旧市街を覆ってきた古代地中海都市の雰囲気が、帰国後のいまも印象深く脳裏に残っている。

※私は2013年夏に南フランスを旅した際、あらためてカタルーニャ地方に立ち寄った。フランス領カタルーニャの中心都市ペルピニアンから列車に乗り、リヨン湾のリゾート地コリウールを経てスペインのジローナまで旅した。
　ジローナは中世の風情をとどめた美しい都市であった。ここではロマネスクの至宝「天地創造」のタペストリーを所蔵するカテドラルをはじめ、ユダヤ人やイスラム教徒の遺跡を巡ることもできた。しかし、この都市には何よりもカタルーニャの独立を願う市民たちの熱気が漲っていた。市街にはカタルーニャの州旗が溢れ、先端に独立の象徴である青地に白星の付いた旗も多数掲げられていた。それらの旗には「新しいヨーロッパの国家」とか「EUの一独立国家」などと記されたものもあった。駅舎には「喋るならカタルーニャ語を喋れ」などと書かれた英語の貼紙もあった。これほどの熱気は古都タラゴナにはなかった。因みに、ジローナは中世の武勲詩『ローランの歌』にフランク王シャルルマーニュ（カール大帝 位768－814）の攻撃を受けたことが記されている。また、近代ではナポレオン軍の侵攻時に籠城して長く抵抗したことでも知られている。

2　ローヌ川流域のヴィエンヌ（フランス 2011年3月）

　ローヌ川はアルプスに源を発し、スイスのレマン湖に入り、リヨン付近で
ソーヌ川と合流したのちに地中海に注ぐ、全長812キロの大河である。フラ
ンスの大河のなかではローヌ川は唯一、地中海に注ぐ河川であり、古来より
地中海とヨーロッパ内陸部とを結ぶ人や物資、情報の大動脈として重要な役
割を果たしてきた。その流域には古くから発展したことを物語る多くの史跡
が残っている。

　ローヌ川の河口付近にあるマルセイユはギリシア人が建設した植民都市
マッシリアをその起源とし、ローヌ川流域に点在する諸都市アルル、ニー
ム、オランジュ、リヨンなどはローマ人が建設した、今日も多くの古代遺跡
が残る植民都市である。同じくローマ人の植民都市であったアヴィニョン
は、中世では「教皇のバビロン捕囚」として知られる世界史上でも最も有名
な都市のひとつとなった。

　この川の中流域、リヨンの南約32キロの地に、ここで取り上げるヴィエ
ンヌ Vienne（ローマ名：ヴィエンナ Vienna）と呼ばれるもうひとつのローマ起
源の都市がある。ヴィエンヌは今日、人口30万に満たない地方都市であり、
前記諸都市に比べると知名度も決して高くはないが、前47年ごろにユリウ
ス・カエサルによって征服されて以来、ローマ時代には交通の要衝として栄
え、また帝政後期には広大なヴィエンネンシス州の州都としてローマの政治
的機能を担った重要な都市であった。

　因みに、フランスでは今日、オーストリアの首都も"ヴィエンヌ"（ドイ
ツ語名：ヴィーン〈ウィーン〉Wien、英語名：ヴィエンナ Vienna）と呼ばれる。
ローマ人はドナウ川流域のこの都市をローヌ川流域のヴィエンナと区別して
ヴィンドボナ Vindobona と呼んでいた。

　私はこれまでにも地中海に注ぐローヌ川流域を好んでたびたび旅してき
た。この春はパリから列車でプロヴァンス地方に向かう途上、初めてこの
ヴィエンヌに立ち寄った。この都市で降りたのは、ローマ末期のヴィエンヌ
司教アヴィトゥス Avitus（位494頃−518）に興味をもっていたからでもある。

ヴィエンヌはカエサルの征服以来、交通上あるいは政治上の要衝として発達したが、ローマ帝国の衰退とともに不遇な運命を辿った。ゲルマン民族移動期の438年にはブルグンド族がこの都市を占拠し、ローマ人による一時的奪回を経て、534年にはフランク族が占領した。その後558年にはランゴバルド族の略奪、737年にはイスラム教徒の侵攻が続いている。こうしたローマ帝国崩壊期の政治的混乱のなかで住民を保護し導く役割を果たしたのが、ガリアの名門セナートル（元老院議員）貴族家系出身の高位聖職者であった。アヴィトゥスもそのひとりである。

　アヴィトゥスは西ローマ皇帝となった同名のアヴィトゥス（位455−457）や、その娘婿であり、ローマ市長、ついでクレルモン司教となった著名なシドニウス・アポリナーリス（430頃−479頃）の血縁者であり、シドニウスと同じく高い学識を修めた知識人でもあった。今日に伝わる彼の書簡や説教、詩などは、当時もなおヴィエンヌには高い水準の古典的教養が維持されていたことを物語っている。アヴィトゥスはアリウス派を奉ずるブルグンド族の支配下にあって、セナートル家系の名望と高い教養をもつヴィエンヌ司教としてローマの行政機構を受け継ぎ、住民を指導し、カトリックの護教にも努めたのである。

　さて、到着当日、私はローマ時代のヴィエンヌに存在した高い水準の文化を思い描きながら、その遺跡や風格を求めて駅舎を出た。市街地は東に湾曲するローヌ川の左岸と背後の丘陵との間にある狭くて細長い帯状の地形に伸びていた。その市街を 2 日にわたり散策して、私は神殿や劇場、古い城壁、道路、水道、浴場、フォルムのポーチ、競技場の中心部に立っていたと推測されるスピナ（「尖塔」spina）など、多くのローマ遺跡に出会った。これらの遺跡群はヴィエンヌが堂どうたるローマ植民都市であった証である。市街を歩いていて、私は、ここには往時の繁栄ぶりを示す痕跡が詰まっていると思った。それらはアヴィトゥスの高い教養を裏付ける、目で見る痕跡である。

　しかしながら、残念なことに、それらの遺跡はほとんどが原型をとどめておらず、ごく一部しか見ることができないものであった。タラゴナと違って、ヴィエンヌが古代遺跡をうまく保存できなかったのは、この都市が大動脈ローヌ川左岸上の狭い土地に立地していて、激しい人の往来や物資の流通を

支え切ることができなかったからであろう。

　それでも、いくつかの遺跡はある程度原型をとどめていた。ヴィエンヌの遺跡群のなかで、とくに印象に残ったのは、初代ローマ皇帝および皇妃の名を冠したアウグストゥス・リヴィア神殿である（口絵 I - 3）。この名称は、それ自体、当時のヴィエンヌがローマ人たちの間で重視されていたことを物語っている。この神殿は市街中心部に突然現れた。それはかなり黒ずんではいたが、有名な南仏ニームのメゾン・カレを思わせるコリント式柱列の並ぶ、縦約24メートル、横約14.5メートル、高さ17メートルもある、均整のとれた壮麗な周柱式神殿であった。

　現地で求めた案内書を見ると、当初、この神殿には神格化されたアウグストゥスの像が祀られていたが、キリスト教が国教化されたテオドシウス帝（位379−395）治世には聖母が祀られ、11世紀になると列柱が壁で塗り潰されてキリスト教の教会堂として利用されるようになった。さらにフランス革命期には理性の女神が祀られ、その後は裁判所、博物館、図書館などに使用されてきたという。壁が取り壊されて神殿が本来の姿に戻ったのは19世紀半ばのことであった。

　このように初代ローマ皇帝夫妻の名を冠した神殿も歴史の流れのなかで数奇な運命を辿ったのであるが、しかしそれは必ずしも不幸なことではなかったはずである。他の遺跡に比べて、神殿が今日までほぼ原型をとどめて残ることができたのは、長い間、キリスト教の教会堂として利用され信仰の対象となってきたからであろう。

　先に私は神殿が市中に突然現れたと言った。それは荘厳な神殿のすぐ近くに民家が迫っていたからである。民家の窓辺には花鉢や干物が吊るされ、狭い空地では子供たちがボールを蹴って遊んでいた。そうした光景は私には不自然に映った。ローヌ左岸の狭い空間に生きる住民たちの日常と古代の栄光とが混淆した不思議な光景であった。

　ついで印象に残った建造物は、市街の背後にあるピペ山斜面を利用したローマ劇場である。それは斜面に沿って46段もの観客席が並び観衆約1万3000人を収容できる、直径131メートルの堂どうたる半円の野外劇場であった（口絵 I - 4）。

　この遺跡も今日のヴィエンヌとは調和しない建造物であった。その規模

オデオン（小劇場）

は、案内書によれば、ローヌ流域では最も大きく、ローマのマルケルス大劇場よりわずか1メートルほど小さいだけである。舞台に近い中央部には緑の大理石の欄干で仕切られた4段の貴賓席も設けられていた。この劇場はコンスタンティヌス大帝（位306－337）時代に使用されなくなり、中世には今は廃墟となった城が立ち地中に埋没していたが、1922年に発掘されて再び日の目を浴び、現在では修復されて各種の催しが行われている。そのなかでも毎年6月末から7月初めにかけて開かれる国際的規模のジャズ・フェスティバルには世界各地から多数の聴衆が集まって来るという。こうした催しの企画には古代の栄光を誇り受け継ごうとするヴィエンヌ市民の意欲が窺われる。

　ヴィエンヌには大劇場と並んでオデオン Odéon と呼ばれる小劇場もあった。この都市には大小ふたつの劇場が対をなして存在したのである。そのこと自体、古代都市ヴィエンヌが人や物の集まる重要な都市であったことを物語っている。私は大劇場の南に位置する小高い丘上の小劇場を訪れるために山腹を削った坂道を登ったが、その途中の斜面には古い井戸が露出し、オデオンの周囲には民家が密集し、オデオン自体は雑木林のなかで崩れ落ちて入場禁止の柵が設けられていた。このような光景を目の当たりにして、私は古代都市ヴィエンヌの栄光が確実に消えようとしていると悲しく思われた。

サン・モーリス大聖堂

　その地理的位置により、ヴィエンヌには早くからキリスト教が広まった。すでに2世紀後半にはキリスト教徒が確認されており、3世紀末までには司教座が設置され、4世紀以来、神殿の南約300メートル、今日のサン・モーリス大聖堂の地に司教座教会が存在した。また、5世紀中葉にはヴィエンヌの司教座は大司教座（1790年に廃止）となり、これ以降、ヴィエンヌ司教は全ガリアの首位権をかけてリヨン司教と争った。

　キリスト教関係の建造物としては、長期（11−16世紀）にわたって建造されたロマネスクおよびゴシック両様式からなる前記のサン・モーリス大聖堂、ローヌ川の支流ジェール川の南側に位置する、美しい回廊を伴ったロマネスク様式のサン・タンドレ・ル・バ教会などが見応えがあった。また市街南部には、今日は石彫美術館となっているが、その起源が4世紀に遡るという旧聖ペテロ教会があった。この建物はローマの伝統に従って当時の市壁の外側に建立された墓地教会であり、ヴィエンヌの歴代司教たちが埋葬され信者たちが最も崇敬してきた教会である。

　司教アヴィトゥスは日常、サン・モーリス大聖堂付近で暮らしていたはずである。この地で彼は歴史上、注目すべき一通の書簡を執筆している。その書簡とはフランク王クローヴィス（位481−511）のカトリック改宗儀式への

招待に答えた返信である。それはヴィエンヌにいたアヴィトゥスがクローヴィスの改宗という将来の西欧の歴史を方向づけた一大事件に関わっていたことを物語る、今日に残る貴重な書簡である。当時のヴィエンヌの重要性を知る意味でも、以下ではやや立ち入ってこの返信書簡について見ておきたい。

　クローヴィスの改宗を伝える当時の史料には、アヴィトゥスの書簡以外にも、6世紀の半ば近くに書かれたトゥールの司教グレゴリウスの『歴史十巻』とクローヴィスの孫でありランゴバルド王妃であったクロドシンダに宛てたトリーアの司教ニケティウスの書簡（567-568年頃）があるが、これらの三史料のなかでもアヴィトゥスの書簡はクローヴィスの改宗とまさしく同時期に書かれた真の同時代史料であり最も信頼しうる証言である。

　しかしながら、アヴィトゥスの書簡の内容は抽象的であり具体的な記述はほとんどない。クローヴィスの改宗の時期や経緯、場所などについてはまったくふれられていない。一般にクローヴィスの改宗は、前記の三史料を照合して、5世紀末〜6世紀初めごろ、おそらく486年か506年にランスで行われたと説かれるが、アヴィトゥスの書面からは、その日がクリスマスの日であったことを除けば、それ以上に踏み込んで検証しうるような記述は引き出せない。それゆえ、この書簡には当時のヴィエンヌ、さらにはガリア全体の複雑な政治情勢が反映していると考えられる。アリウス派を奉ずるブルグンド王国のなかにあって、また同じくアリウス派を奉ずる当時の二大国、つまりロワール川以南の西ゴート王国とイタリアの東ゴート王国に隣接する政治的環境下にあって、まだロワール川以北の勢力にすぎなかったフランク王クローヴィスのカトリック改宗への対応はきわめて難しく、危険を伴うものであり、慎重な返答が必要であったはずである。

　それにもかかわらず、アヴィトゥスの書簡には注目に値する記述が認められる。彼の返信は招待への謝辞にとどまらず、その頌詩のなかにさりげない激励が込められている。それを簡約すれば、神は伝道者を介して新たな地方にまで遠く信仰を広めることを望んでおられる……したがって「躊躇なき行動」が求められる、といった内容である。これらの言葉の背後には、婉曲的表現ながら深い政治的意図が滲んでいる。ヴィエンヌのアヴィトゥス、さらにはガリアの名門セナートル貴族層やガリア＝カトリック聖職界は、この時

夜明けのローヌ川

点でクローヴィスの勝利を確信し、ロワール川以北のフランク支援をさりげなく表明したのである。

　アヴィトゥスはこの出来事、つまりクローヴィスのカトリック改宗の重要性を十分に認識し正しく将来を見通していた。彼はローヌ中流域のヴィエンヌに居て、フランク王国がやがてカトリックを介して西欧を統一し、東ローマ帝国と対置しうる存在となることも展望していた。アヴィトゥスの書簡は地中海を通してコンスタンティノープルの皇帝の動向がヴィエンヌに入っていたことも裏付けている。

　アヴィトゥスは時にはピペ山に立って美しい神殿やローヌ川の流れを眺望し、将来のガリアや西欧について熟考したであろう。ヴィエンヌの大劇場の最上段に立ったとき、私の脳裏にはそんなアヴィトゥスの姿が浮かんできた。そこで眺めた雄大な光景は、彼が将来を見定め返信の内容を導き出した舞台であり背景であると確信させるものがあった。

　それとともに私は、今日、このローマ都市から過去の栄光が消えようとしているのを見て真に残念に思った。神殿や大劇場はいわば奇跡的に残ったが、多くの遺跡は崩れ、また遺跡の上に民家が立って埋没しようとしていた。ピペ山麓付近のシベル考古学庭園にある古代遺跡群は子供たちの遊び場となっていた。庭園には遊具も置かれ親子連れの憩いの場となっていた。ど

27

シベル考古学庭園

　こでも遺跡の保存は難しい問題であるが、とくにヴィエンヌの場合、ローマ
末期の衰退気運が重なって想起され、いっそう深刻に受け止められた。

3　モーゼル川流域のトリーア（ドイツ 2011年3月）

　東日本大震災が起こった数日後、私は大きな不安や恐怖を抱えたままフランクフルトに飛び立った。そして翌日は「ドイツ人の使徒」聖ボニファティウスの縁（ゆかり）の地であるマインツ大聖堂を訪れ、またその翌日には車窓から「ローレライ」で有名なライン川の景観を眺めながらコブレンツに着き、巨大なヴィルヘルム1世像の立つライン川とモーゼル川の合流点ドイチェス・エックを見学した。その道中では大震災を報ずるメディアや、日本の様子を心配して駆け寄って来る現地在留邦人に接したが、ライン川流域の明るく穏やかな景観は大震災で受けた衝撃を幾分でも和らげてくれた。

　ドイチェス・エック見学後、私はコブレンツ駅から列車でライン川の支流モーゼル川を遡り、1時間余りで今回の旅の目的地のひとつであるトリーアに到着した。現地で買い求めた案内書には、冒頭に「ローマ時代以来、モーゼル川流域の景観はドイツにとどまらずヨーロッパにおける最も美しくロマンティックな空間のひとつと見なされてきた」と記されている。たしかに車窓から眺める初春のモーゼル川流域は美しく穏やかであった。そしてトリーアに近づくにつれて、フランス文化圏に近づいてきたという印象を受けた。

ドイチェス・エック

ライン水系には古くから高度なケルト系文化が存在したが、前1世紀のカエサルの遠征後、それらの文化は破壊されて多くのローマ植民都市が建設された。「ドイツ最古の都市」と言われるモーゼル川右岸上のトリーアはその代表的都市であり、この水系にあるコブレンツ、ボン、ケルンなども現存するローマ起源の有名な都市である。この春、私はそのトリーアに初めて立ち寄った。この都市は、今日では人口約10万の地方都市にすぎないが、前述の諸都市と異なり、ローマ史上、その一時期に歴代諸皇帝の居留地として権勢を誇った「北の都」であったからである。

　その歴史を概観してみると、トリーアはローマ人がモーゼル川流域に住むトレヴェリ族を征服したのち、この要衝の地に都市を建設したことに始まる。その後、前16年から前13年までアウグストゥス帝がここに滞在してアウグスタ・トレヴェロールム Augusta Treverorum という名称が付与され、モーゼル川に架かるローマ橋、フォルムなどの公共建造物が相次いで建設されて、帝国の防衛ラインであるローマ主要道が交差する一大中心地となった。

　トリーアは、紀元後、その地理的位置のためにたびたびフランク族やアラマン族など西ゲルマン諸族の侵入を受けて破壊されたが、彼らの攻撃に耐えて推定約8万の人口を擁する、当時としてはアルプス以北の最大の都市に発展した。その最盛期はコンスタンティヌス大帝をはじめとする4世紀の歴代諸皇帝が正帝ないしは副帝時代にガリアおよびブリタニアの行政上の中心地としてこの地に宮廷をおいた時期である。当時トレヴェリ Treveri とも呼ばれたトリーアは、ライン川から大西洋、さらにはモロッコにまで及ぶ広大な「西部帝国」の政治・軍事上、さらにはアルプス以北のキリスト教の一大中心地としてその名を馳せたのである。

　そののち異民族の脅威が増すにつれて、トリーアの行政機能はアルルやミラノに移され、475年ごろにはフランク族の手中に落ちた。しかし、トリーアの司教座は残った。パリやヴィエンヌ、ランスなどと並んで、トリーアにはすでに3世紀には司教座が存在していた。4世紀以降もトリーアの歴代司教は、史料上、その名前が確認できる。民族移動の混乱期のなかでガリア北部の教会勢力圏は後退したものの、トリーアの司教座は踏みとどまり、衰退する帝国の行政機構にかわって司教たちが住民を庇護した。この態勢はフラ

ンク王国のメロヴィング・カロリング両王朝期下でも維持され、トリーアは
シャルルマーニュ治世に世俗権力は失ったものの、モーゼル川流域のメッス
やトゥール、マース川流域のヴェルダンなどを統轄する大司教座に定められ
て当該地方の教会行政を担っている。

　民族移動後のトリーアは、その城壁の位置から判断して、都市規模がロー
マ帝国全盛期の半分ほどに縮小している。それでも中世のトリーアは大司
教が聖俗に及ぶ権力を獲得し、多くの教会や修道院を建造し、12世紀末に
は神聖ローマ皇帝の選定侯となった。近代に入ってナポレオン（1769−1821）
の時代になると選定侯制が解体されて大司教の支配体制は崩れ、ついでプロ
イセン支配下に入ると鉄道ハブとして発展し強力な防衛都市となったが、20
世紀のふたつの世界大戦で大きな打撃を被り、今日ではこの地方における行
政、学術、商業などの一中心地にすぎなくなっている。

　1986年にトリーアは「ローマ遺跡群、聖ペテロ大聖堂、聖母教会」の名
称でユネスコ世界遺産に登録されている。実際、ここを訪れてみて、私は人
口約10万の地方都市ながらローマおよび中世の巨大な遺跡や建造物が予想
以上に多く存在していることに驚いた。その多くは中央駅の西方約500メー
トルの地点にある城門ポルタ・ニグラ（「黒い門」Porta Nigra）（口絵 I − 5 ）か
ら南方向へ中央市場広場を挟んで 1 キロほど走る大通りの周辺一帯に集中し
ていた。

　それらの遺跡や建造物のうち、紀元180年ごろに建造されたポルタ・ニグ
ラは「アルプス以北の最も壮大なローマ建造物」と言われる巨大な砂岩ブ
ロック製の一対門である。この門は元来、ローマ人が権力の象徴として建造
したものであるが、民族移動が激しくなった約 1 世紀後には都市の防衛機能
をもつ堅固な城壁の北門となった。その城壁は現存しないが、地図を見ると
今日、北のポルタ・ニグラ、東のコンスタンティヌス広場、南のカイザー通
り、西のモーゼル右岸付近を囲む広い道路が確認され、城壁はこの空間に存
在していたと推察される。

　今回、私は幸いにもポルタ・ニグラのすぐ近くにあるホテルに宿泊して、
ホテルの窓からこの門をつぶさに眺めることができた。この門はたしかに浅
黒かった。「黒い門」と呼ばれる所以である。私はそれがなぜ「黒い門」と

なったのか、かねてから疑問を抱いており、かつて耳にした風説に従って、単純にゲルマン人の侵攻時に火災に遭い黒くなったのではないかと思っていた。しかし現地を訪れて、建設当初は、それは白い砂岩ブロックで造られた「白い門」であったが、時が経つにつれて気象の影響で黒ずみ「ポルタ・ニグラ」という呼称が付いたと知った。なお、この建造物にはモルタルなどの接着剤はまったく使われておらず、ブロックは鉄製留金や封鉛で固められているという。

この建造物も歴史に翻弄された。それはギリシア人の隠者シメオンが長い間（1025－1035年頃）ここを隠所として使用したことに因んで身廊と尖塔を付した聖シメオン教会となり、大司教ポポー（位1016－1047）の時代には聖歌隊席と後陣を追加した上下2段のロマネスク教会に改修された。しかし、ナポレオン時代に彼の命でローマ時代の姿に戻されたことで知られている。

ホテルを出てポルタ・ニグラ付近まで行くと、その周囲には日曜日のせいもあって多くの観光客が群がりたいへん混雑していた。中央市場広場に向かって南に走るシメオン通り沿いには土産物店や飲食店が立ち並び、人びとは思い思いに飲食をとり休憩していた。彼らがさまざまな国からやってきたことは肌の色や聞きなれない言葉からもよくわかった。その光景はこの建造物がいかに有名でトリーアの観光スポットになっているかを物語っていた。残念なことに、観光客が多すぎてモーゼル川や街の様子がよく見えるという最上部にまで上って見学する時間的な余裕はなかった。

ポルタ・ニグラの南方に「ドイツ最古の大聖堂」と言われる高さ112.5メートル、幅41メートルの壮大な聖ペテロ大聖堂（トリーア大聖堂）が立っている。この大聖堂はロマネスクを基調とするが、その後の拡張工事によりゴシックやバロック

聖ペテロ大聖堂（トリーア大聖堂）

など多様な建築様式が採り入れられて興味深い教会建築複合体となっている。しかし留意すべきは、それがこの地にあったローマの宮殿の遺構の上に建立されている点である。

　トリーア大聖堂は、その起源を辿ると、コンスタンティヌス大帝の改宗後、当時の司教マクシムスがこの地に壮麗な教会建造物群を建てるよう提唱したことに始まった。当初の建造物は民族移動期にフランク族やノルマン人などによってたびたび破壊されたが、その都度ここに再建され、11〜12世紀には大司教ポポーおよびその後継者たちによって拡張工事がなされ東端には後陣が設けられた。今日の大聖堂も、その中核部分は4世紀後半にヴァレンティニアヌス1世帝（位364−375）やグラティアヌス帝（位375−383）が建造した方形ホールの上に立っているという。

　この大聖堂の祭壇奥にあるローマの煉瓦で造られたという礼拝堂にはトリーアの「聖なる外套」が納められた聖遺物箱が安置されている。この「聖なる外套」とはコンスタンティヌス大帝の母ヘレナが贈ったと信じられてきた有名なイエス・キリストの縫い目のない衣服を指す。また、大聖堂の南側に隣接する聖母マリア教会は13世紀中ごろに建造された円型建造物と回廊で構成されるバシリカであり、今日も教会権力の象徴と見なされるドイツ最古のゴシック教会建築のひとつである。この建造物も当然、ローマ時代の建造物の遺構上に立っている。

　その南約200メートルの地にあるコンスタンティヌス広場には、310年ごろに建設されたアウラ・パラティナ Aula Palatina（別称コンスタンティヌス・バシリカ）と呼ばれる煉瓦造りの中庭付大建造物が立っていた。今日、われわれが見る建造物は第2次世界大戦時に焼失した建物の復元であるが、当初は「コンスタンティヌス帝の玉座」が置かれ、内部は大理石で縁どられ、床と壁面には暖房装置もあり、また大理石の肖像を置いたアルコープもある、ローマの権力を誇示するかのような荘厳な宮殿であったという。1980年にはその周囲から多くのローマの遺跡が発見されており、ローマ時代にはこの建造物の東端は先述の堅固な城壁の一部を構成していたと考えられている。

　歴史を辿ると、この建造物はたびたび改築されてきたが、ローマ時代の権威が継承されていることがわかる。475年にフランク族が占拠すると、ここはフランク王およびその代理者の拠点となった。1197年に大司教の管轄下

選帝侯宮殿とアウラ・パラティナ
（コンスタンティヌス・バシリカ）

に入ると、この建物に教会風付属建築物が追加された。また17世紀初頭に
なると選定侯宮殿が南側正面に隣り合って建造され、東と南の壁は取り除か
れて新宮殿に併合された。そののちプロイセンの支配下に入ると、フリード
リッヒ・ヴィルヘルム4世（位1840−1861）がそれをローマ風建造物に戻し
ている。先述したが、ナポレオンもポルタ・ニグラをローマ時代の姿に戻し
ている。こうした事例を知って、私は近代ヨーロッパの君主たちがローマの
権威や文明を憧憬し保存に努めようとしたと思った。

　ローマの美術品などを展示するライン州立博物館を東側に見ながら、アウ
ラ・パラティナに関わる建造物群の石片が点在する宮殿庭園を南へ400メー
トルほど歩くと、4世紀に造られたというカイザー・テルメン（皇帝浴場）
の遺跡群の前に出た（口絵Ⅰ-6）。この付近が皇帝の居城空間の南端であり、
その先に先述の城壁があったように思われた。

　カイザー・テルメンは修築中であり柵が設けられていたが、柵越しに見て
も、それは壮大な建造物であったことがわかるものであった。柵の近くには
彫刻が施された石柱や石段、石片などを確認することができた。なお、そ
こから西方向に向かって走るカイザー通りをモーゼル川近くまで600メー
トルほど行くと2世紀に建造されたという古いバルバラ・テルメン（大衆浴場）
の遺跡がある。時間の都合上、バルバラ・テルメンの遺跡は見学しなかった

トリーアの野外円形劇場

が、トリーアを訪れて、あらためてローマ人の浴場文化の嗜好に接した思い
がした。

　カイザー・テルメンの東南東方向約500メートルの地点にトラヤヌス帝あ
るいはハドリアヌス帝時代に建造されたという野外円形劇場があった。そこ
への道は鉄道を挟み複雑で苦労したが、何度も尋ねてやっと辿り着いた。こ
の円形劇場はローマのコロッセウムのような地中海域のものほど壮大ではな
かったが、縦約70メートル、横約50メートルの舞台広場と、それを取り巻
く26列の階段型観客席があり、２万人以上（別の文献では約３万人）が収容で
きたという、かなり原型をとどめた立派な建造物であった。観客席の最上段
に上って全体像を眺め、また地下に入ってその複雑な構造を見学することも
できた。夕暮れに近い時間帯でほとんど観光客はおらず、また周囲が木立で
覆われていて寂しい雰囲気であったが、観客席の中央部に立ったときには往
時の歓声や興奮が伝わってくるように感じた。

　トリーアはまさしくローマ人が辺境で権力を誇示し、また帝国防衛の拠点
とした「北の都」であった。タラゴナやヴィエンヌと異なり、トリーアには
「帝都」の雰囲気が漂う巨大な遺跡群が存在していた。ここに立って私は、
往時のトリーアがアルプスの北に移植された地中海文明の壮大な野外博物館

であったように感じた。

　同時に私は、旧市街を歩いていて重苦しい雰囲気を感じた。そして脳裏に5世紀のローマ人サルヴィアヌス（400頃－480頃）が浮かんできた。トリーアに生まれ育ち、トリーアで教育を受けたとされるサルヴィアヌスは、435年ごろに突然妻子と別れて南下し、地中海上に浮かぶサン・トノラ島のレラン修道院（後述）で修業した後、マルセイユに居を移して有名な著書『神の支配』を著した。この書のなかで彼は「頽廃したローマ人」を「健全なゲルマン人」と対比し、異教徒の侵入をローマ社会の腐敗に求めて厳しく糾弾した。その解釈は多様であろうが、ここに至るサルヴィアヌスの苦悩や熟考は、その基底に辺境の都を被う当時の緊迫した空気があったはずである。私がトリーアで重苦しさを感じたのは、そうした帝政末期の空気が今も遺跡群の間に漂っていたからであろうか。

　夕暮れ迫る円形劇場を出てポルタ・ニグラ近くのホテルに急ぐ途中、疲れたのでカフェに寄って一息ついた。多くの婦人たちがテラスで思い思いの飲物をとり、夕暮れのひとときを楽しんでいた。近くのテーブルには3歳くらいの少女を連れた父親が座っていた。ふたりの様子を見ていて心和んだので許可を得てカメラに収めた。私が立ち去るとき、少女は何度も大きな声で「バイバイ」と叫んでくれた。その声が大きく可愛かったせいか、婦人たちが微笑んで少女を見つめていた。古都のなかで味わった爽やかなひとときであった。

II

アルプスの峠道と渓谷の集落

スイス山岳地帯を走る氷河急行

Ⅱ-1　ブレンナー峠付近の斜面に広がる放牧地

Ⅱ-2　イン川に架かる橋界隈

Ⅱ-3　イン渓谷沿いのシュクオル

Ⅱ-4　シュクオル温泉療養センター

II-5　エンガディナ・ポスト（ポスタ・ラディナ）

II-6　ポスタ・ラディナのロマンシュ語記事

　アルプス山脈の峠道は人間が営えいと築き上げてきた巨大な造営物である。古来、アルプスは地中海世界とアルプス以北の世界を隔て遮ってきたが、人びとは深い谷間が入り組んだ地形を巧みに利用して、この峻険な障壁を乗り越え両世界の交流を可能にする山越えルートを開発してきた。この営みはヨーロッパの一体化への途である。しかし他方では、そうした営みにもかかわらず、高い峰や深い谷に閉ざされて、今日まで山間に取り残されてきた集落もある。

　ここでは幾多もあるアルプスの峠道のうち、近年、私が訪れた東アルプスのブレンナーBrenner（イタリア語名：ブレンネロ Brennero）峠を取り上げる。その上でローマ時代のラエティア地方の言語に由来するラテン系のロマンシュ語が話されているというアルプス山中のひとつの集落シュクオル Scuol も取り上げて、アルプス開発の影響が及ばなかった山間集落の実情を垣間見ることにする。

1　ブレンナー峠とインスブルック
（オーストリア～イタリア　2012年8月）

　これまでに私はグラン・サン・ベルナール峠（標高2469メートル）、サン・ゴッタルド峠（同2108メートル）、モン・スニ峠（同2084メートル）など、アルプスの主要な峠を越えて、その険しさに驚き、自然の美しさに感嘆し、また両麓の気象や景観の相違を実感してきた。しかし、私が越えた峠は主に中央および西アルプスの峠であり、東アルプスの峠、とくに今日のオーストリアとイタリアの国境を越える有名なブレンナー峠（同1370メートル）を通る機会がなかった。そこでこの夏はまずオーストリアの首都ウィーンへ飛び、ブ

ヴァッハウ渓谷

レンナー峠の北の玄関口であるインスブルック側からこの峠を登ることにした。

　ウィーンを発ちインスブルックに到着するまでの旅は素晴らしく快適であった。ブレンナー峠を目指すためか、私にはこの道筋一帯があたかも峠道に繋がる後背地のように思われた。ここではまず、その道中で眺めた景観の記述から始めたい。

　ウィーンに到着した翌日、私はまず念願のドナウ川クルーズを楽しむことにした。ドナウ川はアルプス山脈に源を発し、ヨーロッパ大陸を西から東へ貫流する大河である。この川が歴史上に及ぼした影響は計り知れない。その流域のうち、今回、私が見たドナウ川は険しい渓谷を切り開いて平野部に流れ出る上流部である。その沿岸地域には古来、アルプス越えの起点あるいは終点として重要な役割を担ってきた集落が点在している。

　早朝、私はウィーンから列車でメルクまで行き、丘上に立つメルク修道院を見上げながら中世的な趣のある旧市街を通って遊覧船の船着場に着いた。そして、そこから乗船して約1時間10分後に下流沿岸の町デュルンシュタインの船着場で下船した。あいにく晴天に恵まれず「青きドナウ」とは程遠かったが、中世の古城や教会が点在しブドウ畑が広がるヴァッハウ渓谷周辺の景観を楽しむことができた。

ケーリンガー城跡と麓の景観

　デュルンシュタインでは中世の面影を残す旧市街を巡り、背後の丘陵に
登ってケーリンガー城跡を見学した。この城はイングランドのリチャード獅
子心王（位1189－1199）が第3回十字軍遠征の帰途にオーストリアのレオポ
ルト公の怒りにふれて幽閉された城である。旧市街を抜けて城跡に向かう急
な坂道を何人かの観光客も登っていた。驚いたことに城跡で結婚式を挙げて
いるカップルがいた。ここから眺めるドナウの流れは、天気が回復してきた
こともあって美しかった。周り一面に広がる緑のブドウ畑も印象深く記憶に
残っている。ヴァッハウ渓谷はワインの特産地である。帰途、旧市街の城壁
門近くにあった鄙びたワイン専門店に寄って地ワインを試飲した。急な坂道
を上り下りして疲れていたが、この一杯のグラス・ワインは味わい深く疲れ
を癒してくれた。

　その翌日にはウィーンからアルプスを越える世界最初の山岳鉄道であるセ
（ン）メリング鉄道に乗ってグラーツに着き、シュロスベルク城山に登って雄
大な景観を眺め、夕方には市内を流れるドナウ支流ムーア川の畔のレストラ
ンで郷土料理を味わうことができた。

　その次の日にはグラーツからラッテンベルクを経てチロル州の州都であり
ブレンナー峠の麓の町インスブルックに到着した。車窓に映るチロル地方の
景観はのどかで美しく、バカンスの季節にハイキング客やサイクリング客あ
るいはスキー客が利用する、花で飾られたロッジ風の建物が点在していた。

夏も終わりに近く観光客の少ない季節ではあったが、天候に恵まれ、東アルプス山麓の雰囲気を存分に楽しむことができた。

　インスブルックに着いたのはウィーン到着の4日目の昼過ぎであった。中央駅に着くと、私はまずブレンナー峠に向かう列車の時刻を調べたが、夏季にはインスブルック〜ブレンナー間は列車が走らず、かわってバスが運行されていることを知った。そのためバスの発着場を探してインスブルックを15時過ぎのバスに乗った。バスは市街地を通り抜けて郊外の住宅地を走り、次第にアルプスの山麓を登り始めた。車窓には山の斜面に広がる放牧地、そこに点在する夏季放牧用の山小屋、深い渓谷、旧道沿いにある鄙びた集落など、素晴らしい景観が映り、思わず座席を乗り出して何度もシャッターを押した（口絵II−1）。東アルプスの標高が低いせいか、放牧地は峠の頂付近まで広がっているのが印象的であった。

　"ブレンナー"という名称は付近の小さな村に由来する。この峠はアルプスの主だった峠のなかでは標高が最も低く、いくつかの脇峠が合流してイタリアに向かう貴重なルートであり、古来、アルプス越えに最も多く利用されてきた地中海世界への通路であった。その歴史は古く、およそ2000年前にローマ人たちが頻繁に利用し、ゲルマン民族移動期には彼らが地中海方面へ移動する主要なルートのひとつとなった。"トレント渓谷の道"と呼ばれていた中世期には、北部のゲルマン系諸君主がこの峠道を頻繁に利用した。793〜1402年の間に神聖ローマの皇帝が66回もこの峠を越えたとされる。そのためブレンナーの峠道は"ヴィア・インペリイイ"Via Imperii と呼ばれた。イタリア政策を展開した有名な皇帝フリードリッヒ・バルバロッサ（位1152−1190）も、彼のイタリア遠征の際、この通常ルートを通ってアルプスを越えている。
　ブレンナー峠は古くから南北両世界の政治的・軍事的のみならず文化的交流の接点ともなった。一例をあげると、6世紀のイタリア出身のラテン詩人であるフォルトゥナトゥスは、『ランゴバルト史』を著したベネディクト会修道士パウルス・ディアコヌス（720頃−790頃）によると、565年ごろ、ガリアのトゥールにある聖マルティヌス廟に巡礼するためにヴェネツィア地方

からインニティエン（ローマ名：アグントゥム）に到着し、ついでブレンナー（同：ブリオネス）を越えてアウグスブルク（同：アウグスタ・ヴィンデコルム）からドナウ川、ライン川を渡りガリアに入った。そして生涯この地にとどまり、時のフランク有力者層と親交を保った。この詩人のケースは、当時、ガリアの聖人の評判がアルプスを越えてイタリアにも及んでいたことのみならず、この峠道を介して地中海域のラテン的教養がアルプス以北に伝播していたことを示している。

　中世のブレンナー峠はラバの荷車しか通ることのできない小道にすぎなかった。しかし、1770年代にハプスブルク家のマリア・テレジア（1717–1780）の命により開削されて馬車道が建設され、1864〜1867年にはアルプスで唯一、長いトンネルのない鉄道が建設された。この峠は第1次世界大戦後にはオーストリア・ハプスブルク帝国の管轄下からオーストリア・イタリア両国間で分割され、第2次世界大戦期にはスティール条約の締結を祝うためにヒトラーとムッソリーニがここで会見している（1940年3月）。インスブルック〜ブレンナー峠間は鉄道で約40キロの道程である。ブレンナー峠からはイタリアのイザルコ渓谷を抜け、アディジェ渓谷を下ってトレントからヴェローナに到達する。インスブルックからヴェローナまでは鉄道で約280キロである。

　バスはときどき街道沿いに点在する集落で客を降ろしながらおよそ35分でブレンナー峠の終着駅に着いた。予想よりも遥かに短い乗車時間であった。途中で下車した客は、その多くが麓の町インスブルックへ買物などに出かけた古くから住む地元の人と見受けられた。彼らは買物袋を持ち食料や日用品を入れていた。

　バスの終着場は鉄道駅のすぐ近くにあった。バスから降りた乗客たちはオレンジ色の衣服を纏った係員に急がされてイタリア方面に向かう列車に乗り込んでいた。バスはイタリアへ向かう列車と接続していたのである。

　グラン・サン・ベルナール峠やサン・ゴッタルド峠などとは異なり、ブレンナー峠には険しい岩壁や峰は見られない。この峠は峠というより山間のどこにでもある普通の集落であり、人びとの日常的な生活空間といった印象を強く受けた。駅前の通りにはカフェやレストラン、土産物店などが並び、商店で

ブレンナー駅前通り

ブレンナー商店街

は人びとが買物をしていた。広場には仮設テントのマーケットが立ち、住民たちが野菜や果物を買い、子供たちがその周りの小さな広場でアイスクリームや菓子を食べサッカーボールを蹴って遊んでいた。古来、多くの人びとが標高の低いこの峠をアルプス越えに利用してきたことがよく理解できた。

　ブレンナーの駅舎にはイタリアの国旗が掲げられていた。そこはすでにイタリア領であった。現地で手に入れた案内書で知ったことであるが、ブレンナーはトレンティーノ＝アルト・アディジェ特別自治州のボルツァーノ自治県に属する人口約2000人のブレンネロというイタリアのコムーネ（自治体）

なのである。

　ブレンネロの中央通りを散策しながら人びとの会話に耳を傾けると、イタリア語風の抑揚も耳に入ったが、むしろドイツ語風の語調が多く聞こえてきた。案内書にも、ブレンネロはドイツ語話者が多くを占め、イタリア語話者は20パーセント程度とある。言語上では、このコムーネはドイツ語優勢地域なのである。おそらく、それは南チロル地方が第1次世界大戦までオーストリアに属していたからであろう。ここに来て私は、国境沿いには日本人ではわかりにくい、複雑な歴史的背景を反映した興味深い文化的現象があることを実感した。

　カフェのテラスで飲食している客に「国境はどこか？」と英語で尋ねたが通じず、やっと店員が出て来てバスが到着した終着地点の手前5キロほどのところであると教えてくれた。バスは国境を越えて走ってきたのである。徒歩での5キロは遠い。そのため今回は国境に立つのを諦めた。

　夕方になり肌寒くなった。やはり山間の気候であった。そのためカフェに入り、テラスでグラス・ワインを楽しみながら行き交う人びとの様子を眺め、夕方6時過ぎに発つバスに乗って帰路に着いた。夕日に映える車窓の景色がまた美しく、チロル地方の風情を満悦することができた。

　ブレンナー峠を訪れた翌日、私はインスブルックの見学に出かけた。当然、麓の町も峠道の一部である。それはむしろ峠道に彩色を施す重要な集落である。

　"インスブルック"は「イン川に架かる橋」を意味する。その起源はイン川沿いにあったローマ軍駐屯地ヴェルディデナ Veldidena に求められるが、史料上、最初に現在の地名が現れるのは12世紀後半という。その後、15世紀末ごろには、この地を愛したハプスブルク家の皇帝マクシミリアン1世（位1493－1519）の治世に発展し、近年（1964年）では冬季オリンピックも開催されたアルプス山間の美しい都市である。

　インスブルックを見学していて、この町は何よりアルプス山中の「ハプスブルクの都」という印象を強く受けた。マリア・テレジアが建てた凱旋門を起点にして北に走る大通りを歩くと、アルプスの峰みねを背景とした旅情を誘う美しい街並みが広がっていた。旧市街のメイン・ストリートであるヘル

「黄金の小屋根」（左）と付近の旧市街景観（右）

ツォーク・フリードリヒ通りにはカフェやレストラン、土産物店などが並び、ゴシック様式の建築物が立ち、その突き当たり付近には、この街のシンボルである「黄金の小屋根」や「市の塔」が目についた。「黄金の小屋根」とはマクシミリアン1世が白亜の旧チロル大公館に造った5階からなる豪華なバルコニーである。そこには銅板瓦に金箔を施した小屋根とレリーフや壁画で装飾されたエルカーと呼ばれる美しい出窓があった。また「市の塔」とは旧市庁舎に付属して造られた51メートルもある高い塔である。

　「黄金の小屋根」の東側にあるアーケードを抜けると視界が大きく開け、両端に緑の丸屋根をもった白亜の王宮、ハプスブルク家の縁の墓石がある宮廷教会、チロル地方の代表的なバロック建築である聖ヤコブ大聖堂、チロルの衣装や工芸品を展示する民族博物館、荘厳な州立劇場などが立ち並んでいた。まさしくここは「ハプスブルクの都」の中心地であった。

　しかしながら、私が真にブレンナー峠の麓の町に立ったと感じたのは、「黄金の小屋根」から西方向に進みイン川に架かるイン橋の袂界隈に出たときであった（口絵Ⅱ-2）。ここに来て私は、ブレンナー峠の麓の町インスブルックの原点に立ったと感じた。この界隈にはチロル地方の特産物や食べ物の店舗、土産物店、旅籠風の建物などが密集して並び、この日も多くの旅人や観光客が集い行き交って活気に満ちていた。華やかな「ハプスブルクの都」とは異なり、この界隈はチロル地方の素朴な風情が最もよく味わえる場

チロル料理

所であった。ここには古来、人びとが育んできた地方色豊かな生活や文化が色濃く残っていた。私が昨日通った峠道沿いの鄙びた集落も、この界隈の雰囲気を共有していると感じた。

　古来、旅人たちは、ブレンナー峠を越えて行く者も越えて来た者も、この界隈で一息ついて疲れを癒し鋭気を養ったはずである。私はこの橋の袂近くの露店風食堂に入り、チロル料理を味わいながらイン川の美しい景観を楽しむことができた。夕暮れどきの素晴らしいひとときであった。

2 アルプス山間の集落シュクオル (スイス 2012年8月)

　スイスのグラウビュンデン（フランス語名：グリゾン）州はオーストリアと
イタリア、それにリヒテンシュタインに挟まれたスイス最東部の州である※。
今日、この州はライン川の支流プレスール川の右岸に開かれたスイス最古の
町とされるクールを州都とし、サンモリッツやダヴォスなど世界的に有名な
高級リゾート地を含むアルプス山岳地帯であるが、ローマ時代のラエティア
地方で話されていたラテン語方言に端を発した、レート・ロマンス語に属す
るロマンシュ語が受け継がれている地域でもある。

　この夏、私はこのロマンシュ語に引き寄せられて、グラウビュンデン州の
なかでもオーストリアと接する最東端ウンター・エンガディン地方の集落
シュクオル Scuol をオーストリア側から訪れた。私が訪れたのは2015年に隣
接する5自治体と合併する前のシュクオルである。

　面積約41万平方キロメートルという小国にもかかわらず、スイスではドイ
ツ語、フランス語、イタリア語が話されていることはよく知られている
が、第4の公用語としてロマンシュ語が存在することは一般にはあまり知ら
れていない。この言語は1938年の国民投票でスイス第4の国語として承認
され、その後1996年の国民投票によりグラウビュンデン州の公用語に格上
げされている。

　歴史的に見てみると、ライン源流域およびドナウ川支流のイン源流域は、
古くはラエティー人が住んでいたとされるが、前15年ごろにローマ人によっ
て征服され、ラエティア属州、のちの第1ラエティア属州に組み込まれて
ローマ化が進みラテン系言語が日常語として浸透していった。しかし、5世
紀以降のゲルマン民族の移動の波により、この地域一帯はアレマン人、東
ゴート人、さらにはフランク人などの諸族が相次いで侵攻し、ゲルマン化さ
れてゲルマン系言語が支配的となった。そうしたなかで残存したのが俗ラテ
ン語をルーツとするロマンシュ語である。この地方は高い峰や深い谷に閉ざ
されており、他の地方との交流が少なかったために、住民たちは長くローマ
の遺風をとどめラテン系言語を保ちつづけたのである。

　グラウビュンデン州は、今日およそ19万8000人住んでいるが、そのうち

約7割がドイツ語を話すドイツ語優勢圏である。それに対してロマンシュ語話者は、文献ではしばしば3万人から4万人、「せいぜい5万人」であると紹介されている。この数字の開きは実態把握の難しさを物語っているが、文献の出版年などから判断しても、今日、ロマンシュ語話者が減少傾向にあり、ロマンシュ語とともに日常的にドイツ語を話すバイリンガルが増加していることを窺わせている。因みに、インターネットに掲載されたデータ（2000年の国勢調査）では、この州のロマンシュ語話者は、約2万7000人（14.5パーセント）であった（Wikipedia: Kanton Graubünden）。

　シュクオルの場合、同じくインターネットに掲載されたデータ（2000年の国勢調査）によると、ロマンシュ語話者が人口の約49パーセントを占める。これはドイツ語話者の約39パーセントを上回る数字であり、この時点では依然としてロマンシュ語がこの山岳地帯の第1言語であったことを示している。

　さて、私は8月下旬の早朝、インスブルックを列車で発ってランデックに着き、バスに乗り換えて1時間ほどでスイス国境近くの町ナウダーズに到着した。あいにく当日は天候に恵まれず、曲がりくねった山道を登るバスの窓からは期待したような景色は見られなかった。バスは後部に自転車も積み込むことのできる車体であり、悪天候で寒いせいか、サイクリングをする人びとも途中の停留場で乗り込んできた。

　ナウダーズからはスイスのバスに乗り換えた。スイス・バスの発着場まではやや距離があり、また発着時間も定かでなくて不安であったが、オーストリア・バスの運転手が親切にも折り返しのついでに近くまでバスで送ってくれた。山間の見知らぬ土地で受けた運転手の厚意は今もって記憶に残っている。

　スイス・バスはオーストリア・スイス両国旗が立つ、人気のない山中の国境を越え、急斜面を下って昼過ぎにはイン川沿いのシュクオルに到着した。シュクオルの集落は渓谷にへばりつくように佇んでいた。北側には夏でも雪渓が残る3000メートル級のリスティヤーナの高い峰が雲間に見えた。そそり立つ中央および西アルプスの峰みねと比べれば穏やかな景観ではあったが、オーストリア側からよくこの山岳地帯まで来られたものだと思った。交

リスティヤーナの峰と麓の宿泊施設

通機関が発達していない時代では、旅行者はとても訪れることのできない隔
絶された地域であった。

　バス終着場は高台にあるシュクオル・タラスプ鉄道駅のすぐ近くにあっ
た。スイスは鉄道大国であり、奥地の険しい山岳地帯にまで鉄道が敷かれて
いる。とは言っても、この駅はスイス国鉄ではなく、グラウビュンデン州
を中心に走る、「氷河急行」や「ベルニナ急行」で馴染みの私鉄レーティッ
シュ鉄道の駅である。シュクオルは20世紀初めに開通したエンガディン路
線の終着点であり、私がバスを降りたとき、丁度ポントレジーナ方面から列
車が到着したところであった。夏のバカンスの時期を過ぎており、乗客はま
ばらであったが、駅の近くには山荘風のホテルが点在し、スキーのためのリ
フトも見えた。その景観は鉄道の敷設でアルプス山岳地帯が外界と繋がり、
保養・観光地化してきたことを物語っていた。

　駅の高台をやや下ったところに予約しておいた山荘風のホテルを見つけ
た。受付では中年の女性が親切に応対してくれた。この婦人は、各地から訪
れる保養客や観光客のためか、５カ国語を話すと言っていた。また彼女は小
学生のエミリーという娘も紹介してくれた。他の客がいなかったこともあろ
うが、このとき私はアルプス山岳地帯に住む人びととの温かくて気さくな人柄
に接したように思われた。

　宿泊の手続きを終えて休憩した後、シュク
オルの散策に出かけた。緩やかな坂道を下
り、イン渓谷沿いに伸びるメイン・ストリー
トのストラダン通りを10分ほど歩いて中心
街に着くと、さっそく見晴らしのよさそうな
レストランに入った。店内には数人の客が
ビールやワインを飲みながら食事をしてい
た。案内されたテーブルは幸いにもイン渓谷
沿いのシュクオルの風景がよく見える場所で
あった（口絵Ⅱ-3）。

案内係が書いた
ロマンシュ語のメモ

　案内係の若い女性に地ビールと温かそうな
料理を注文した。彼女は夏季を利用してアル
バイトをしている、日常的にはドイツ語（ス
イス・ドイツ語）を話し、ある程度は英語やフランス語も解するという学生
風の若者であった。日本と違って、今日のスイスは何カ国語にも接し、また
学ぶ機会もあるからであろう。注文の品が運ばれてきたとき、英語で「あな
たはロマンシュ語を話すか？」と尋ねてみたところ、彼女はにこやかに応対
して「話す」と答えたので、持ち合わせていたメモ用紙にいくつかの英（仏）
単語を書き、彼女にロマンシュ語の単語を書いてもらい、また発音もしても
らった。

　私はロマンシュ語を学んだことはない。ただ、西洋中世史を学んだ者とし
てラテン語やフランス語の知識をある程度はもっているので、それらから類
推して彼女の書いた言葉をなんとなく理解できた。「どこで学んだのか？」
と尋ねたところ、「学校の教科にある」と答えた。彼女は日常、ドイツ語を
話し、ロマンシュ語も話す、この地方の標準的な若者のように思われた。彼
女がロマンシュ語について語るとき、笑みを浮かべていたのが印象に残っ
た。その笑みはこの古い言語に興味をもつ外国人に微笑んだものであろう
が、私は彼女の笑みのなかにラエティア地方の長い伝統を受け継ぐ、いわば
「ローマ人の末裔」としての誇りも感じた。

　市街はイン渓谷の斜面に沿って東西に細長く伸びている。ストラダン通り
にはロマンシュ語と思われる店の看板や、この地方特有のスグラフィッティ

と呼ばれる装飾——金具で引っ掻いて下地の漆喰を浮き出させた模様——の付いた白壁の家も見られた。谷側にはイン川に架かる古い橋があり、その手前近くにはウンター・エンガディン博物館があった。この博物館は、その存在が11世紀ごろの史料で確認できる旧ベネディクト会修道院の土台の上に18世紀初めごろに建てられた、ファッサードに2層のバルコニーが並ぶ珍しい建物であった。興味深いことに、案内書によれば、この博物館は今日も住民たちの間ではロマンシュ語で「クラウストラ・ヴェドラ」Claustra vedra（古い修道院）と呼ばれているという。館内ではアルプスの険しい山岳地帯で生き抜くための伝統的な家屋の構造や道具類、手工芸品などを見学することができた。

　シュクオルはローマ時代から湧き出る温泉地であり、今日では温泉療養とリゾートの町としても知られるようになった。ストラダン通りをさらに東方向に進むと渓谷の斜面に立つ温泉療養センターに着いた。このセンターは近年建てられたばかりの、まだ新しくて清潔そうな建物であった（口絵II-4）。玄関を通り建物内に入ると上段にロマンシュ語、下段にドイツ語が記された温泉療養のための看板があった。この看板を見て、ここではロマンシュ語がまだ第1言語であり「生きた言語」であることを実感した。

　日本と違って、ヨーロッパでは温泉施設は基本的には療養所なのでプログラムが決まっており、それに従って順番に施設を巡るようになっている。しかし、階下のプールでは家族連れと思われる人びとがゆっくり温泉に浸かったり泳いだりして楽しんでいる様子が見られた。宿泊・休憩施設もあるようで、温泉から出た人びとが簡単な「浴衣」姿で渡り廊下を通り別棟に行く姿が見られた。このとき私の脳裏には、温泉好きのローマ人が昔、この地で入浴している姿が浮かんできた。記念にチケットを買って入浴しようかとも思ったが、当日は寒く、旅先で風邪をひくのを恐れて思いとどまった。

　翌朝、ホテルで朝食をとるとき、テーブル上にあったランチョン・マットに6カ国語で「おはよう（こんにちは）」という言葉が書かれているのに気づいた。もちろん、そのなかにはロマンシュ語もあった。それを見て観光シーズンには各国から多数の客が来るのだと思った。食後、ホテルの女主人にロマンシュ語のことをあれこれ尋ねてみたところ、新聞は週に1〜2度発行される数紙があり、ラジオ放送は全国規模で毎日10分間の番組、グラウビュ

温泉療養センターの看板

ホテルのランチョン・マット

ンデン州の場合、毎日4時間程度の番組、テレビ放送も毎週数時間の番組があると教えてくれた。

　ついで「ロマンシュ語の新聞はないか？」と尋ねたところ、彼女は高台の方角を指差して「駅にあるかもしれない」と教えてくれた。そこでさっそく駅に行き売店で尋ねたところ、「すべてロマンシュ語で書かれた新聞はないが、一部ロマンシュ語も書かれた新聞ならある」と教えてくれた。私は「エンガディナ・ポスト」Engadiner Post、やや小さな文字で「ポスタ・ラディナ」Posta Ladina と併記された新聞を買って記念に持ち帰った（口絵 II-5, II-6）。

　なお、エンガディン地方の宗教事情についてもホテルの女主人に尋ねたところ、彼女はプロテスタントの信者が多いと答えた。その背景には16世紀の宗教改革運動のなかでエンガディン地方がプロテスタントを信仰告白（Konfession）した歴史がある。1530年ごろ、スイスはカトリックかプロテスタントかを選ぶ信仰告白が各州に認められたが、いくつかの勢力に分立していたグラウビュンデン州は各自治体にその選択が認められた。そして、エンガディン地方はプロテスタントを選んだのである（1533年）。

　エンガディン地方にキリスト教が浸透したのは遅く、11世紀ごろ、つまりクラウストラ・ヴェドラが創建されたころとされる。この地方には司教座都市クールからやってきた宣教師たちが入植して布教に努めた。しかし宗教

55

改革の錯綜する政治的・宗教的経緯を経て改革派がこの奥地にも勢力を根付かせたのである。とは言え、この山岳地帯でも集落によって事情が異なる。シュクオルに隣接するイタリア側のヴェノスタ渓谷では住民たちは多くがカトリックにとどまっていると聞いた。ロマンシュ語と同様、隔絶された村むらには宗教改革後もカトリックにとどまる住民たちがいたのである。

　今回、イン渓谷に佇むシュクオルを訪れて、私はローマ以来のアルプス山間の文化的事情を多少とも理解できた。グラウビュンデン地方はドイツ語圏に属するが、奥地の閉ざされた住民たちは、ゲルマン系言語が浸透するなかで、ローマ時代以来話されてきたラエティア地方のラテン系言語を頑強に守りつづけてきた。私はこの言語の存在をある種の驚きをもって知り、また稀少なこの言語を守るために今日、国や州が多くの努力を払っていることも学んだ。
　一言でロマンシュ語といっても、閉ざされた集落では、それぞれかなり異なった方言が話されてきたという。そのために以前から方言の統一化が試みられ、1982年には「ロマンシュ・グリシュン語」（Romansh Grischun）が提示された。“グリシュン”は“グラウビュンデン”のロマンシュ語表現である。この人工的な「標準ロマンシュ語」は住民たちの間では評判が悪く抵抗もあったが、今日ではそれにより公的な出版物が増大しているという。私が持ち帰った新聞の記事も、この「標準ロマンシュ語」で掲載されたものである。

　※私はアルプス山間の事情を知る一環として、今回、初めてリヒテンシュタイン公国も訪れた。この国は神聖ローマ帝国の崩壊（1806年）によって独立した、面積約160平方キロ、人口約3万7000人という超ミニ国家である。その西境はライン川源流域であり、南部の山岳地帯にはドナウ・ライン両大河の分水嶺をなす険しい峰みねが連なっている。
　早朝、私は列車でインスブルックを発ち、2時間ほどで山間の鄙びた町フェルドリッヒに着き、そこからバスに乗り換えて11時ごろには首都ファドゥーツに到着した。あいにく天候に恵まれなかったが、車窓に映る景観は、チロル地方とは異なり、アルプス山間らしく深い渓谷や岸壁が迫る印象深い眺めであった。公国の通貨はスイス・フランであるが、ユーロも使用できた。立ち寄った役所や店舗、路上ではどこでもドイツ語の音調が耳に入った。ここはスイス・ドイツ語圏に属している。郵便や通信制度、さらに防衛もスイスに依存してい

る。軍隊はない。宗教面では1997年までスイスのクール司教管区に属していた。
この国はスイスと密接に結びついた、いわばその一州のような印象を受けた。
　リヒテンシュタインは世界が認める「切手の国」でもある。バス・ターミナ
ルに着くと、私は観光局でパスポートに入国記念のスタンプを押してもらい、
ついで切手博物館に入って専用切手販売所で何枚かの美しいデザインの切手を
購入した。この国の切手技術は、スイスの精密機械同様、山間に発達した貴重
な産業である。午後は公爵の居住するファドゥーツ城を見上げながら市街を散
策した。中心街であるシュテットル通りは小規模ながら美しい街並みであった。

III

ヨーロッパの古い修道院と教会

サン・トノラ島新修道院入口

Ⅲ-1　森のなかの小礼拝堂

Ⅲ-2　サン・トノラ島南端に立つ旧修道院

Ⅲ-3　旧修道院の屋上から見た新修道院

Ⅲ-4　リグジェの修道院と教会

Ⅲ-5　聖マルティヌス修道院教会のファサード

Ⅲ-6　聖マルティヌス修道院内の「フランス人の庭」

Ⅲ-7　岩壁に建つ聖ベネディクトゥス修道院

Ⅲ-8　サクロ・スペコと聖ベネディクトゥス像

Ⅲ-9　カッシーノ市街から見た岩山上の修道院

Ⅲ-10　聖ベネディクトゥス昇天の像

Ⅲ-11　アイオナ修道院西正面

Ⅲ-12　オリジナルの聖ジョン・クロス

Ⅲ-13　聖コルンバヌス礼拝堂と洞窟

Ⅲ-14　リュクスイユの聖ペテロ・パウロ大聖堂

Ⅲ-15　リンディスファーン修道院の遺構と古城（正面奥）

Ⅲ-16　聖母マリア教会の祭壇とカーペット

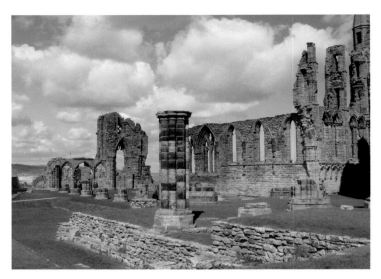

Ⅲ-17　ウィットビー聖堂遺構

Ⅲ-18　丘上から見たウィットビーの景観

Ⅲ-19　エヒタナッハの「黄金の福音書」
（ニュルンベルクのドイツ国立ゲルマン博物館蔵）

Ⅲ-20　聖ウィリブロードの石棺

Ⅲ-21 「聖ウィリブロードの泉」（洗礼槽）

Ⅲ-22 ユトレヒトの聖ウィリブロード教会祭壇

Ⅲ-23　フリッツラーの聖ボニファティウス像

Ⅲ-24　ビュラブルクの聖ブリギダ教会

Ⅲ-25　フリッツラーのローラント像と旧市街

Ⅲ-26　フリッツラーの市庁舎南壁面の聖マルティヌス像

　古代末期のヨーロッパはゲルマン民族の侵入や西ローマ帝国の崩壊によっ
て、それまで地中海沿岸地域から内陸部に伝播していたキリスト教は大きく
後退した。キリスト教が残った地域でも、低俗な聖職者たちが宗教生活を取
り仕切り、住民たちはキリスト教の慣行と異教の習俗が混合した生活をして
いた。そうした状況下にあって、異教徒の改宗や再キリスト教化を推し進め
たのが主として修道士たちの活動である。ここでは私が近年訪れたいくつか
の古い修道院を取り上げ、その修道士たちの活躍を振り返りながら、そこで
見て感じた情景を描き綴ってみたい。

1　サン・トノラ島のレラン(ス)修道院
（フランス　2014年4月）

　サン・トノラ Saint-Honorat 島は風光明媚な南仏のコート・ダジュールの
沖に浮かぶ小さな島である。この島はレラン(ス) Lérins 諸島のひとつであ
り、西方修道制に関心のある者ならば、その名をしばしば耳にするレラン修
道院のある島である。この春、私は旅の最初の目的地としてカンヌ沖合のこ
の島を選んだ。
　サン・トノラの名前はアルルのホノラトゥス Honoratus（350?－429）の名
に因む。この聖人は4世紀末ごろギリシアやローマに巡礼し、5世紀初めご
ろにフレジュス司教の許可を得て、当時 "レリナ" と呼ばれていたこの不毛
の小島に移り住み隠遁生活を始めた。その生活は苦行や禁欲、瞑想などを重
んずる東方修道制の精神を受け継ぐものであった。サン・トノラ島への移住
後、ホノラトゥスの評判は広まり、多くの弟子たちが彼を慕って渡ってきた
という。そのため、この島は隠者の独居房や初心者用の共住建物からなる修

73

道生活の場となった。こうしてレラン修道院の歴史は開かれた。西方の「古修道制」の始まりである。以来、この修道院は南ガリアにおける最も有名な修道院となり、ローヌ・ソーヌ川を軸に各地に影響を及ぼし、贖罪を求めて多くの巡礼者が集まるようになったのである。

　さて、私は4月初旬、パリからフランスの超高速列車TGVを利用して正午ごろにマルセイユに着き、マルセイユで普通列車に乗り換えて午後3時ごろにはカンヌ近郊のジョアン・レ・パンに到着した。南仏の日差しは明るく、車窓から見る地中海は青く陽光で輝いていた。浜辺には早くも水着姿の海水浴客も見られた。夕刻には予約してあったホテル近くの海辺を散策し、レストランで軽食をとりながら、コート・ダジュールの美しい海岸を楽しむことができた※。
　翌日の朝、私はカンヌ旧港から出る遊覧船に乗ってサン・トノラ島に向かった。一般にカンヌ湾に浮かぶ島はしばしば総称してレラン島（またはレランス島）と呼ばれるが、ふたつの島（厳密には他のふたつの無人島も含む）からなる諸島である。そのひとつはサント・マルグリット（旧名レロ）島であり、プラトー・デュ・ミリュー海峡を挟んで、南にもうひとつの島サン・トノラがある。ふたつの島のうち、大きい方のサント・マルグリット島は観光地化しており、この時期は復活祭のバカンスの季節でもあって、大勢の観光客を乗せた遊覧船が出港していたが、サン・トノラ島の方は長さ1500メートル、幅410メートルほどの小島であり、出港する船も小さく乗船客も少なかった。
　船は20名ほどの観光客を乗せて午前11時にカンヌ旧港を出発し、およそ15分後にはサン・トノラ島の北海岸にある簡素な船着場に到着した。そこには「ようこそ、サン・トノラ島へ」と書かれた看板が立っていたが、別の場所には「ここは修道士が信仰生活をおくる島である。この静寂を敬い慎みある装いの人のみ歓迎される」といった趣旨の看板も立っていた。この島に着いてやや緊張したときである。
　島は海辺松、カラマツ、糸杉など多くの樹木で覆われていた。島全体に自然林が残っており、まずもって俗化されていないという印象を受けた。船着場から海辺に沿った小路を東から回りはじめた。同船した観光客以外には人

74

サン・トノラ島の船着場

影はなく、可憐な野花や海辺の岩を洗う澄んだ海水がこの島に残る自然の美
しさを感じさせてくれた。ところどころに修道院関係のものと思われる遺跡
が見られた。気がつくと一緒に来た観光客の姿も見えなくなり、同伴した妻
とふたりだけになっていた。この島には昔、ある教皇が裸足で島を巡ったと
いう伝承があり、それに習って巡礼者たちも裸足で島を巡る習慣があると聞
いていたが、今回はそのような光景は見られなかった。しかし、小路にはそ
うした習わしがあっても不思議ではないような雰囲気が漂っていた。
　島の東端付近まで来ると、森のなかに可愛らしい礼拝堂を見つけた（口絵
Ⅲ-1）。この建物はローマ時代のブロックと瓦で造られたトリニテ（三位一
体）と呼ばれる小礼拝堂であった。それは島にある7つの礼拝堂のひとつで
あり、西側に「鳩の壁」と呼ばれるファサード、東側にはふたつの祭室を
伴った後陣があった。ファサードには崩れないよう補修された跡もあった
が、建物全体の保全がなされている様子はなかった。内部は放置され廃屋の
ように荒れていた。周りを巡っていて、このような美しい礼拝堂が人影のな
い森のなかに埋もれ朽ちていくのがとても残念に思われた。
　この礼拝堂を見た後、西方向に向かって南海岸を歩き始めると、木蔭から
城のような建物が海上に見えはじめた。予備知識があったので、その建物は
海の中ではなく、南に突き出た、ほとんど島状の小半島に立つ旧修道院であ

75

ることがすぐにわかった（口絵Ⅲ-2）。数分歩いて狭い小路で繋がるその建
物に近づいた。建物の下の小路は取り除くことも可能な大小の石からできて
おり、石の隙間には海水が入り込んでいた。この建物はどう見ても外敵に備
えて建てられた要塞であった。それがドンジョンとかシャトーと呼ばれる所
以である。

　この堅固な建造物はレラン修道院の苦難の歴史を物語っていた。その歴史
を見ておくと、まず初期は多くの著名な聖職者を輩出し輝かしい学知の光を
放射した隆盛期である。5世紀には、アルルの司教となったホノラトゥス自
身やヒラリウス、リヨンの司教エウケリウス、ジュネーヴの司教サロニウ
ス、リエの司教マクシムス、同じくリエの司教となったブリトン人のファウ
ストス、フレジュスの司教テオドルスなどがあげられる。トリーア出身のサ
ルヴィアヌスもレランで修業したのちマルセイユに移り、あの有名な『神の
支配』を書いたとされる。また、6世紀ではレランの聖務に基づいた修道院
の戒律を書き、オランジュの会議（529年）で恩寵をめぐる教義の問題に一
応の終止符を打ったアルルの司教カエサリウスがあげられる。こうした学識
者たちはローマの末期社会にあって新しく転生を求めた貴族家系の出身者で
ある。
　レラン修道院はローヌ・ソーヌ川を軸としたガリア各地の教区や修道院の
発展を促しただけではない。その影響は間接的にブリテン島やアイルランド
島にまで及んでいる。イングランド出身の聖ベネディクト・ビスコップはレ
ランで教育され、681年には尊者ベーダが過ごしたジャロウの修道院を建て
た。遡るが、5世紀の「アイルランドの使徒」聖パトリキウスも、一説では
ここに立ち寄って修業を積み、そののちアイルランド全島に修道制を広めた
とされる。
　レラン修道院は660年に院長アユグルフスによりベネディクト戒律を採用
している。しかし、こうした隆盛も8世紀以降、11世紀ごろまでの間にイ
スラム教徒、ジェノヴァ人の海賊、さらにはスペイン人などの相次ぐ侵攻に
よって修道生活が麻痺状態に陥っていった。若い修道士たちは捕えられ連れ
去られた。この島から発信されていた信仰の光は輝きを失い、初期の繁栄は
もはや見られなくなった。レラン修道院は院外者の管理するところとなり、

衰退の途を歩んだのである。

　こうした状況下にあって、修道院は侵略者から修道士たちを保護するための建造物の建設が急務となり、11世紀末に院長アルデベルトゥスの発案により南の先端突出部にローマの建造物の石材を利用して修道院が造られたのである。これが要塞修道院の始まりである。修道院はその後も多くの攻撃を受けたが、14世紀には修道院とカンヌとの間に信号装置が設置され、さらに1400年には島の要所に兵士が駐屯して修道生活が守られるようになっている。

　この旧修道院の入口門は地上からおよそ４メートルの高所にあった。入口へは今は石段でアクセスできるが、案内書によれば昔は梯子であった。入口に面した石段の先には筒形穹窿（きゅうりゅう）の貯蔵所があった。入口から急傾斜の円曲石段を上るにつれて、この建物の外壁は狭間を備えた堅固な要塞となっているが、内部は紛れもなく修道施設であることがわかった。現在は使われておらず、かなり荒廃してはいたが、２階は回廊と穹窿からなる「仕事の回廊」であり、さらに３階に上ると白い大理石小柱が並ぶ「祈りの回廊」があった。この回廊は高い尖頭穹窿からなる聖十字礼拝堂に繋がっていた。そこは多数の聖遺物を納めた「聖人中の聖人（キリスト）」と称される小礼拝堂であり、そこへの入口は低く出口は大きかった。案内書によれば、それは祈りにやってくる修道士たちの贖罪の姿勢を象徴しているという。低い入口は贖罪を果たすための修道士たちの謙虚な姿勢を示し、大きな出口は彼らが聖務の間に受けた大きな贖罪と恩寵を示している。

　ついで石段を上って屋上に出た。そこに立つとコート・ダジュールの雄大なパノラマが視界に入ってきた。当日はやや霞んでおり、背後のアルプスの山並みまではくっきりと見ることができなかったが、手前のサン・トノラ島やサント・マルグリット島のみならず、カンヌの沿岸一帯ははっきりと展望することができた。

　屋上から見ると、サン・トノラ島の中央南部には淡い黄褐色を基調とする明るい色彩の新修道院および付属教会が地中海の陽光に照らされて立っていた（口絵Ⅲ-3）。その南側沿岸部は打ち寄せる海の波が白く光り、周り一帯には修道士たちが開拓して造った果樹園が広がっていた。そして果樹園の周

旧修道院から見た海辺側の新修道院

辺は自然林で覆われ、ところどころに小さな建物が点在していた。また、修
道院の庭には黒い衣装を纏った修道士の姿が豆粒よりもやや大きく見えた。
この光景は海水に浸る要塞修道院とは対照的に今日の平和で穏やかな時代を
映し出していた。

　旧修道院はいつごろ放置され荒廃したのか。案内書によれば、それは
1635〜1637年のスペイン人の進駐によるところが大きい。1635年にフラン
スがスペインに宣戦を布告すると、スペインはプロヴァンス沖のこの要衝の
地を抑えるために礼拝堂上に大砲の砲列を設置し兵士を駐留させるように
なった。これにより修道院内部は著しく荒廃し、1787年にはローマ教皇ピ
ウス 6 世（位1775－1799）がレラン修道院の廃止を宣告し、1788年には閉鎖
に追い込まれた。その当時、修道士は 4 人しかいなかったと言われる。
　こののち修道院はフランス革命により没収され売却された。このときパリ
のある女優が革命の騒乱を避けて来島し20年もの間ここに居住したという。
その後、修道院は転売され、結局、1859年にフレジュス司教の手に渡り崇
敬の対象に戻された。そして1869年にはローマ教皇の許可を得て、プロヴァ
ンスのシトー派セナンク修道院が管理するところとなった。これ以後、レラ
ン修道院は禁欲的な生活を重んずるシトー派の修道士たちの努力によって再

新修道院付属教会

興されてきたのである。

　素晴らしいパノラマを堪能した後、私は各階の曲がりくねった急な石段を
注意深く下りて新修道院の方に向かった。新修道院やその教会は19世紀に
造られた分厚い壁で囲まれていた。北西方向に向かって囲壁沿いに小路を歩
くと売店が目に入った。この島にある唯一の売店である。ここでサン・トノ
ラ島で生まれた土産物や展示物を見学した後、近くにある修道院教会の入口
前に出た。入口までの空間には藤棚があり、紫の花が美しく垂れ下がってい
た。日本の東海地方に住む私の感覚では、少し早く咲いているように思われ
た。また回廊沿いの花壇には色とりどりの花が美しく咲いていた。修道士た
ちが丹精込めて手入れしているのであろう。それらの花は淡い黄褐色の回廊
とよくマッチしていた。
　新修道院は立入り禁止であったが、教会には入ることができた。教会は
19世紀に建てられたネオ・ロマン様式の建造物であり、全体として新しく
美しい建物であった。北翼廊には11世紀の死者の礼拝堂があった。また回
廊の北奥には美術館もあり、ローマや中世のキリスト教時代の石碑、修道院
に関わる歴史資料などが展示されていた。ただ、旧修道院を見たあとだけ
に、それらを見学しても歴史的な重みはあまり感じられなかった。

レラン修道院はベネディクト戒律の厳格な実践を志すシトー教団に属する。それゆえ、この修道院は「祈り、かつ働け」Ora et Labora を厳しく励行する修道士たちの集団である。彼らの修道生活は朝3時40分の鐘の音から始まり夜7時45分の晩課で終わる、祈りと手仕事に捧げられた厳しい日課で構成されている。この修道院には宿坊もあり、そこには年間およそ1万1000人の「静修者」が受け入れられているという。平穏を求める人、さまざまな団体から送り込まれる恵まれない若者、受験生、社会からはみ出た者、住所不定者などである。

　旧修道院の屋上から確認できたが、新修道院の囲壁のなかには葡萄酒や蒸留酒の醸造所がある。他の多くの修道院のように、レラン修道院も19世紀末に蒸留酒の製造を始めた。20世紀初頭に始まる国教分離政策を前にしてそれは閉鎖されたが、第2次世界大戦後に再開され、今日では島特産のワインやリキュールが生産されている。案内書によれば、修道士たちは8ヘクタールの葡萄園を管理していて、年間約3万5000本のワインと約1万2000本のリキュールを醸造し、修道院のウェブ・サイトを通してフランス国内の有名レストラン、エリゼ宮や首相官邸、さらにはヨーロッパ諸外国やアメリカにも販売しているという。

　それらのアルコール類のなかでもレランの古名である"レリナ"と名付けられたリキュールは評判になってきた。私は昼食時に島にある唯一のレストラン「ラ・トンネル」に立ち寄って、レリナ・ヴェルト（アルコール度50パーセント）とレリナ・ジョーヌ（同25パーセント）を試飲してみた。もちろん、アルコール度数が高いので舌に少量のせる程度の飲み方であるが、いずれも島の自然と修道士の丹精込めた仕事ぶりを感じさせてくれる、味わい深いリキュールであった。前者はミント、アニス、クマツヅラなどから生まれる透明な緑色と強い花の香りを特徴とするリキュールであり、後者は野草の花と柑橘類の皮から生まれる黄色のリキュールである。なお、私は、先日（2017年1月）、国内のあるアルコール販売店に立ち寄ったとき、レラン修道院産のワインがビデオの画像で紹介され展示されているのを見た。近ごろでは日本にも輸入されているようである。

　食事をした後、レストランの近くに「聖サルヴィアヌスの家」という名の建物があるのに気づいた。サルヴィアヌスに関心があったので（Ⅰ.3）、そ

の庭先に入ってみると、若者たちが集い何かを話し合っていた。近くまで行くと中年の指導者風の人がやってきて「ここは"青年の家"だから白髪のあなたは入れない」と言って丁重に断られた。若者たちはこちらを見て笑っていた。この家は上記のような静修者が集い修養を積む場なのであろう。

　午後はまだ歩いていない島の西部を半周して船着場に着き、３時30分出発の船に乗ってカンヌに戻った。カンヌのクロワゼット大通りには高級なホテルやブティックが立ち並んでいた。毎年５月に開かれる映画祭の会場として世界的に知られているパレ・デ・フェスティヴァル・エ・コングレの入口付近には世界的に有名な俳優たちの手形が嵌め込まれていた。しかし、先刻までサン・トノラ島の自然に接し宗教的雰囲気のなかにいたためか、私はあまりに対照的な高級リゾート都市の輝きに強い違和感を覚えた。

　※４月７日の夕刻、カンヌ近郊のジョアン・レ・パンのホテルに宿泊していたとき、私は地震のような揺れを感じた。フランスでも南には地震があるとは聞いてはいたが、信じられず、何か別の揺れであろうとあまり気にもかけなかった。その後、すっかり忘れていたが、４月９日の朝、ニース方面に向かう電車のなかで隣席の婦人が読んでいる新聞「ニース・マタン」の記事が目にとまった。その見出しには「地震——われわれの地域はフランスでも多発地域」と書かれており、思わずその婦人に尋ねると、一昨晩マグニチュード4.8の地震があったと教えてくれた。やはり地震であった。フランスで地震に遭ったのは初めてである。婦人は下車するとき親切にもその新聞を手渡してくれた。その記事は1564年以降にコート・ダジュール地方で起こった主だった地震を、今回のものも含めて６つ（イタリア震源のものも含む）紹介し、地質学者や地震学者の見解に基づいて、カリフォルニアや日本とは異なり「巨大地震は発生しないであろう」と述べていた。日本人として羨ましい限りであった。

2　リグジェの聖マルティヌス修道院

（フランス　2014年4月）

　フランスのポワティエ近郊の町リグジェ Liguge に「西欧でも最も古い修道院」と称される聖マルティヌス Sanctus Martinus（フランス語名：サン・マルタン Saint Martin）修道院がある。この修道院はレラン修道院よりも古く、361年ごろにフランスの守護聖人である聖マルティヌス（316頃－397/400）によって創設された修道院である。この春、私はこの修道院を初めて訪れた。

　4月中旬、私は列車でパリからポワティエに到着し、その翌日にリグジェに向かった。リグジェはポワティエの南に隣接する町であり、鉄道駅はあるものの列車は早朝と夕方の数本を除いてほとんど停車しない通過駅であった。そのため私はまずリグジェの先にあるヴィヴォンヌ駅まで行き、そこからリグジェ駅に停まるポワティエ行きの電車で逆戻りしてリグジェで降りた。この電車は近郊からポワティエに向かう人を運ぶために各駅に停車する通勤電車であった。

　降り立ったリグジェ駅は無人駅であり駅舎は閉ざされていた。ホームの片端から外へ出て辺りを見回すと、人影はなく寂れた様子が目に入ってきた。駅周辺のレストランやホテルは閉まっていた。単なる休業日ではない。人の気配が感じられないばかりか、入口付近に「売物件」という貼り紙がある建物もいくつか目にとまった。私が見たリグジェは巡礼者や観光客が少なくなり過疎化が進行していた。

　聖マルティヌスはパンノニア（ほぼ現在のハンガリーにあたる）の生まれである。その彼がなぜリグジェに修道院を創設したのであろうか。スルピキウス・セヴェルスが著した『聖マルティヌス伝』によれば、彼は幼いころから慈愛の心に満ちた人であったが、成長すると父の勧めでローマの軍人となった。しかし除隊を熱望し、アミアンの駐屯部隊を離れることが許されるとポワティエに到来し、司教ヒラリウスの下で修養に努めた。そしてヒラリウスからアラマン族の侵入（276年頃）以来廃墟となっていたリグジェのヴィラを

拝領して隠遁生活を始めると、瞬く間に彼の評判は広まり、多くの人びとが彼を慕って集まってきたという。そのため彼はこの地に修道院を開いたのである。

　もとより修道院と言っても、西欧には当時まだどのような戒律も存在せず、その組織はきわめて原初的であり、マルティヌスの弟子たちは、時として集団的な営みはしても、すべて洞窟や小屋のなかで個別に住み、東方的な瞑想や禁欲生活を実践していたにすぎない。しかし修道院創設後、マルティヌスの名声はいっそう高まり、およそ10年を経た370年ごろにはトゥール市民に請われてトゥール第3代の司教となっている。

　ここでスルピキウスが記述したアミアン時代のマルティヌスの有名な逸話にふれておくと、彼がある日、極寒のなかで物乞いする半裸の貧者に馬上から自分の外套を引き裂いて半分施したところ、その夜の夢の中でこの貧者がキリストであったことを知ったという。私はヨーロッパをあちこち旅していたとき、しばしばこの逸話が彫刻や絵画となって飾られているのを見た。それらは聖マルティヌス崇敬がフランスのみならずヨーロッパ各地に広まっていることを実感させてくれた。

　現地で入手した冊子で知ったことであるが、従来、地名リグジェは隠修士たちの「小さな小屋」を意味するロカキアクム Locaciacum、あるいはこの地のルコティウス家に属する所領ロコテヤクム Locoteiacum に由来すると考えられていたが、近年ではケルト神ルグ崇敬の聖地を示すガリア語のルグ・テアク Lug-theach（ルグの家）に由来するという説が浮上してきた。この説に従えば、リグジェは元来ケルト族が崇めていたドルイド信仰の聖地であった可能性が高い。これはキリスト教浸透の経緯を示唆する興味深い事例のひとつであろう。

　リグジェ駅のホームを出ると南方向に修道院と教会の塔（口絵Ⅲ-4）が見えてきた。それを目印に10分ほど歩き修道院の北東側に着いた。近くにあったメディア・センターに立ち寄って地図をもらい、修道院教会の入口付近まで来ると、手前に古い建造物の礎石が露出していた。その近くには石段があり、そこを下りると地下空間が見えた。もちろん、そこには柵があって中ま

で入ることはできなかったが、リグジェの歴史の古さを肌で感じさせてくれた。位置からして、それは百年戦争期（1337−1453年）に破壊された修道院の遺構の一部と思われた。

　この「西欧で最も古い修道院」の長い歴史をやや詳しく見ておくと、マルティヌスの修道院創設後、この地方は5世紀にアリウス派を奉ずる西ゴート族の支配下に入った。そして修道院は迫害され廃止されたが、6世紀初頭にはカトリックに改宗したフランク王クローヴィスの勝利により復興された（507年）。591年には有名なトゥール司教グレゴリウスが彼の著書『歴史十巻』のなかでリグジェに巡礼したことを記録に残している。

　700〜1000年ごろのリグジェの修道院は史料上、その存在がまったく確認できない。817年にルイ敬虔王（位814−840）によって作成された修道院一覧表にもリグジェの修道院の名前は記載されていない。イスラム教徒やノルマン人の侵攻、さらにはカロリング家の王位継承をめぐる内紛などが影響したと考えられる。

　しかし、1000年ごろになると、修道院はポワトー伯夫人らの尽力によって再建された。そののち修道院はベネディクト戒律を採用し、修築がなされて巡礼者が訪れるようになった。この修道院は1096年に十字軍を説くためにやってきた教皇ウルバヌス2世（位1088−1099）の宿舎となり、また1307年には教皇クレメンス5世（位1305−1314）がテンプル騎士団員の訴訟問題でポワティエを訪れたとき、ここが宿舎として利用されたという。これらの事例は当時のリグジェの修道院が、小修道院ながらも、その格の高さを誇っていたことを物語っている。

　リグジェの修道院はその後も多くの災禍に遭っている。百年戦争期には英軍に占拠されて著しく荒廃した。16世紀初めに再建された修道院はこの世紀に展開された宗教改革運動によって再び破壊され、コリニのプロテスタント軍がポワティエを包囲したときに焼失している（1569年）。しかし、このとき修道院教会は残った。後述するが、長さ24メートル、幅9メートル、穹窿天井14メートルもあるこの建物は、その後の災禍にも耐えて今日まで存続している。

　フランス革命期になると、リグジェの修道院は個人に売却され転売され

て、19世紀半ばには一製粉業者の所有するところとなった。しかし、1852年にポワティエ司教がこの建物を買い戻して修道生活を復興させ、1856年に"大修道院"abbatial の称号が復活すると修道院は活気を取り戻すことになった。その後、19世紀後半の一時期、院長ブリゴーの時代に修道士たちは各地に放逐されて修道院は衰退したが、19世紀末には彼らが戻り新しい建造物が着工されて、今日の修道院の外郭が出来上がっている。

　さて、先述の古い遺構の奥に進むと、現在も小教区教会として機能している聖マルティヌス修道院教会に行き着いた。その前に立つと、リグジェが聖マルティヌスの縁(ゆかり)の地であることが実感できた。この修道院教会は百年戦争期に破壊された教会の上に16世紀初頭に再建された建造物であり、ファサードは先鋭アーチを多用したフランボワイヤン様式の優雅な彫刻で飾られていた。出入口のふたつの扉は損傷されていたが、右側の扉には引き裂いた半分の外套をアミアンの貧者に施すマルティヌス像が彫られ、左側の扉には壁龕(へきがん)に納まった司教像が彫られていた（口絵Ⅲ-5）。
　ファサードの仕切りもイタリア・ルネサンス様式の多様な模様で飾られていた。石の楣(まぐさ)の上には聖マルティヌスの立派な像があった。ここにはかつては聖マルティヌスの慈善を表わす建築当初の古い像があったが、1840年に今日の像と取り替えられたという。また、ここにあった鐘楼も19世紀に現在の尖塔に取り替えられたが、それは7メートルの石製ドーム上に載せられた、同じくフランボワイヤン様式の特徴をもった立派な鐘楼であったという。
　教会内部は3つの梁間で構成されており、16世紀当時の身廊は簡素な線の付いた穹窿で覆われていた。19世紀に建造された祭壇奥の後陣には、聖書上の人物や聖マルティヌスに関する逸話を描いたステンドグラスが朝の光で明るく輝いていた。また、その南北両側には出入口に装飾の施された礼拝堂があった。そのうち南側の礼拝堂は19世紀のものであるが、北側の礼拝堂は16世紀に建てられたという古くて由緒あるものであった。
　なお、案内書によれば、この教会の身廊の下に地下礼拝堂がある。そこに下りることはできなかったが、その前身はローマ時代の地下倉庫であり、聖マルティヌスがここにバシリカを建てたとされる。

修道士と筆者

聖マルティヌス教会を出て北方向に10メートルほど行くと修道院の入口があった。扉を開けて中に入ると受付があり、ひとりの修道士と数人の信者風の人がいた。この修道士に訪問の目的を告げ、見学の仕方を尋ねると、教会礼拝堂の方向に行くように指示された。その途中の回廊には彫刻が施された古い建物の石片がいくつか置かれていた。そこを通り抜けると近代的な明るく美しい修道院教会があった。

　この教会は1928年に建造され、1980年の修築を経て2000年に改築された新しい建物であった。修道院の典礼は通常、ここで行われるという。もちろん、この教会にもステンドグラスがあり、新しいが礼拝堂があった。この礼拝堂にも聖母マリア像が祀られていた。しかし、あまりに近代的で美しい教会であったために美術館や文化施設に入ったような気分になった。

　この教会を出て受付近くの売店に立ち寄り、そこにいたひとりの修道士にいろいろ尋ねたところ、今日、この修道院には28名の修道士と120名の献身修道士がいるという。修道士たちの生活はふたつの言葉、つまり「祈り」oratio と「労働」labor に集約される。主だった祈りは蘇ったキリストを讃える朝課（7時）、秘跡のための昼の祈り（11時30分）、十字架上のキリストを忍ぶ晩課（18時）、就眠前の終課（20時）、キリストの到来を待つ前夜の祈り（21時）などである。

　労働は祈祷の合間に行われる手仕事や知的活動である。修道士によれば、ここの手仕事で有名なものは七宝焼工芸品の制作である。ここには数世紀の伝統を踏まえて1947年に創立された七宝焼のアトリエがあり、有名な画家と提携したミニチュアの七宝焼や絵画の制作のほか、聖堂のステンドグラスの再生、ロマネスクやゴシックの彫像の再生なども行われているという。

　七宝焼や絵画も修道院関係の冊子や絵葉書、宗教用物品などとともに売店

修道院南正面の庭園と図書館

で販売されていた。そこにはこの修道院ではなくロワール流域の他の姉妹修道院で作られたワインやジャムなども販売されていた。私はロワール左岸のナトリエ・ブリアールの修道院で生産されたジャムを買って帰った。帰国してさっそく試食したところ、粒があり甘味のきいた美味なジャムであった。

　知的活動としては典礼、教父学、神学などの研究のほか、アッシリア学の研究に携わる修道士もいるという。また典礼や合唱のサークルがあり、それらはグレゴリオ聖歌に関わる多種の協会に登録されており、毎年初夏にはそれらのフェスティバルが開かれている。

　この修道院は隠遁的生活を体験したいと望む人びとを数日間迎え入れている。先にもレラン修道院の「静修者」について述べたが、社会の激しいリズムのなかで生きる現代人には、修道院は時として心の平安を求める場となるのであろう。案内書によれば、ここを訪れる人びとは多様である。企業の経営者、政治家、重い社会的責任を担った人物、生きている証を求めてやってくる人びと、さらには宿泊所を探す季節労働者や失業者などである。受付付近で出会った先述の「信者風の人」は、そうした人たちであったのかもしれない。

　修道院教会を出て南ファサード方向に行くと、その前面に修道院庭園があり、その西側には立派な塔のある図書館が立っていた。また北側には「フランス人の庭」と呼ばれる庭園があった（口絵Ⅲ‐6）。この庭園の入口付近は

修道院の囲壁沿いの小道

工事中であり柵で閉ざされていたが、工事関係者が親切にも鍵を開けて中に
入れてくれた。庭園は幾何学的な美しいフランス風庭園であった。周りの緑
の一角に竹林があった。フランスで竹林を見たのは、この時が初めてであっ
たと思う。

　昼食時になったので、修道院の北側出口付近にあったレストランに立ち
寄った。私がリグジェで見た営業中のレストランはこの一軒のみであった。
客は服装からしてほとんど修道院の工事関係者と見受けられた。食事を終え
て、修道院の長くて趣のある囲壁沿いの小道を通り鉄道駅の方向に向かっ
た。私の記憶では、この小道がサン・マルタン通りであったと思う。かつて
は多くの巡礼者たちがこの通りを行き交っていたであろう。冒頭でもふれた
が、この日は通行人はほとんどおらず、町は閑散としていた。リグジェを訪
れて、私は修道院への関心、さらには現代人の宗教的感覚の希薄化を感じざ
るを得なかった。しかし、その静寂さのお蔭で、かえって聖マルティヌスの
縁（ゆかり）の集落に漂う厳かな雰囲気を味わうことができたように思っている。

3　聖ベネディクトゥスの修道院（イタリア 2017年4月）

　ヌルシアのベネディクトゥス Benedictus（480頃－547）は「西方修道士の父」と呼ばれ、彼が創設した修道院は「西方修道制の起源」と称される。彼が定めた、清貧、純潔、服従を基本的義務とし、祈りと労働を日常の生活信条とする会則は、7世紀には広く西欧に普及し、それ以後の修道会の会憲や会則に大きな影響を与えることになった。この春、私はこのベネディクトゥスが過ごしたローマ近郊のスビアコ Subiaco および有名なモンテ・カッシーノ Monte-Cassino の聖ベネディクト修道院を訪れた。

（1）スビアコの修道院

　スビアコはローマの東約50キロに位置する、現在、人口約9300人ほどの小さな町である。しかし、山間の集落ながら、スビアコはローマ時代からよく知られた所である。

　前4世紀末ごろ、ローマ人たちはこの地方を平定すると、タレオ山塊から流れ落ちるアニエーネ（ローマ名：アニオ）川の豊かな水量を水源として利用し始めた。ネロ帝（位54－68）はアニエーネ川を堰き止めて娯楽を目的とする3つの人造湖を造り、その下流には豪華なヴィラや浴場を建設した。今日のスビアコという地名は「湖の下」を意味するスブラクエウム sublaqueum に由来している。当初の水源地はもっと下流にあったが、トラヤヌス帝（位98－117）時代になると、ネロの人造湖がローマ市に水を供給する新アニオ水道の水源地として利用されるようになったのである。

　ローマ帝国崩壊後、スビアコの町は放棄され廃墟となっていくが、6世紀初めごろになると、ここにひとりの隠修士が現れた。この隠修士がヌルシアのベネディクトゥスである。

　ベネディクトゥスについては、ローマ教皇グレゴリウス1世（位590－604）の著書である『対話』のなかに記述されている。その第2巻「尊き修道院長ベネディクトゥスの生涯と奇跡」はこの聖人に対するほとんど唯一の史料である。その記述に基づけば、彼は480年ごろヌルシアの上流家系に生まれ、若くしてローマに出て自由学芸を学び始めたが、間もなくローマの享楽的雰

囲気に嫌気がさして、ローマから東へ約56キロ離れたエフィデに移り、ついでその北方約4.8キロの地にあるスビアコに移って隠遁生活を始めている。

スビアコでは彼はまず3年間、アニエーネ渓谷にある、今日、サクロ・スペコ Sacro Speco と呼ばれる「聖なる洞窟」で過ごした。この3年の間に、彼は修道会の理念や組織について着想を得たと思われる。こののち弟子たちが集まると、アニエーネ渓谷沿いにサクロ・スペコを含む12の修道院を建設している。この時期に彼はモンテ・カッシーノ時代に執筆する、西方の修道生活の基本となる『戒律』の原型を固めたと考えられる。しかし、その後、地元の聖職者との間に軋轢が生じたために、529年ごろに約80キロ南東に離れたモンテ・カッシーノに移って新しい修道院を創設している。こうした経緯からすれば、スビアコのアニエーネ渓谷はモンテ・カッシーノに先立つ西方修道精神の発祥地であり、聖ベネディクト会の聖地と言えるであろう。

さて、私は4月下旬の早朝、妻と一緒にローマ市内のホテルを出て地下鉄とバスを乗り継ぎ、午前9時30分ごろにはスビアコの「ローマ広場」に着いた。そこからサクロ・スペコの上に建つ聖ベネディクト修道院までは約3キロの道程である。

現地で入手した冊子『聖ベネディクトゥスのサクロ・スペコ』（英語版）には、参道はかなり急な山道と書かれている。さっそく"I"と記された看板のある店舗に立ち寄って行き方を尋ねた。応対者はイタリア語以外はまったく話さなかったが、修道院に行くバスはなく、またこの町にはタクシーもないことがわかった。困ってうろついていると、居合わせた初老の男性が、事情を察して、途中を通るバスの運転手に参道に入る岐路まで乗せて行くよう掛け合ってくれた。バスの運転手はその岐路に着くと、そこは停留所ではなかったと思うが降ろしてくれた。この人たちのお蔭で、私たちは半分ほどの距離を歩かずにすんだ。

近年、修道院に行くための車道が整備され、修道院の麓には駐車場も用意されていた。われわれがバスを降りて歩いた道はこの新道であった。その途中には時折り、狭い急坂の参道が交差していた。雑木林で覆われた参道は趣はあるが崩れそうな石段も見受けられた。

聖ベネディクト修道院はアニエーネ渓谷にへばりつくように建っていた。

上部教会入口とフレスコ画（聖母子像）

　常磐樫で覆われた細道を過ぎて視界が開けると、眼下には足がすくむほど深
くて険しい峡谷が広がっていた。ベネディクトゥスが 3 年間、隠修生活を過
ごしたというサクロ・スペコは人が近づきがたい峡谷の岩壁上層部に位置し
ていた（口絵Ⅲ-7）。

　冊子に掲載されていた図面を見ると、修道院は上下ふたつの教会で構成さ
れている。下部の教会は古く、上部の方は増築された新しい教会である。最
も古い部分は 8 世紀、基幹部は13世紀、主要部は14〜15世紀に造られたと
ある。最下部には古い入口があり、その周囲には聖母の礼拝堂、羊飼いの洞
窟、やや離れてサクロ・スペコ、聖グレゴリウス（1 世）の礼拝堂、聖ロマ
ヌスの礼拝堂などがある。
　図面に導かれて、われわれは参道から岩壁に掘られた回廊のような小道を
通り、まずは新しい入口から上部教会に入った。入口付近の岩壁には聖母子
像を描いたフレスコ画があった。教会内部に入ってまず驚いたのは、壁面一
杯にフレスコ画が描かれていることであった。それらは13〜15世紀のウン
ブリア派やシエナ派の画家が描いた絵画である。
　フラッシュが焚けず、その美しさをカメラに収めることはできなかった
が、主だった絵画を紹介してみると、教会正面の上部にはこの教会最大の絵

画である「キリストの磔刑」があり、その左壁面には下から「ユダの接吻」
「イエスの死刑宣告」「カルバリへの旅」、右壁面に「空棺に座る天使」「キリ
ストの昇天」「聖霊の降臨」など、イエスの受難に関わる一連の絵画が描か
れていた。それらのなかでも「カルバリへの旅」は見応えがあった。十字架
を担ぐイエスの後方には夥しい数の人馬、建物などが細かく描かれていた。
その奥の祭壇手前に位置する第2区画の穹窿下には「聖ベネディクトゥス」
の画像があった。このベネディクトゥス像は祭服を纏い玉座に座る威厳ある
姿で描かれていた。

　フレスコ画は教会中を埋め尽くしていたと言っても過言ではない。夥しい
絵画が岩壁内の教会を敬虔な空気で包んでいた。身廊を越えて翼廊に移る
と、「聖ベネディクトゥスと聖スコラスティカの最後の会合」が目にとまっ
た。このフレスコ画を見て、私は双子の兄妹が互いに慈しみ合う人間的な感
情が滲み出ていると感じた。この絵画では修道衣を纏った兄妹が食卓を前に
座り、死期を悟ったのか、妹が兄にその夜を一緒に過ごしてくれるよう手を
合わせて懇願し、兄はやや困惑したような顔付きで妹を優しく見つめている
様子が描かれていた。そして窓越しには、妹の願いが通じたかのように、折
しも雨が激しく降り出した様子が描写されていた。

　主祭壇に面した階段を下って下部教会に入ると、天井にはベネディクトゥ
スを中心にした修道会の聖人たちの宇宙的画像が描かれ、壁面には「エフィ
デのベネディクトゥス」「ロマヌスとの会合」「洞窟への隠遁」「ゴート人の
奇跡」「聖プラシドの奇跡」「フロレンティウスの毒殺計画」その他、教皇グ
レゴリウスの『対話録』に記載されているベネディクトゥスの初期の出来事
を示すフレスコ画が多数描かれていた。小さな後陣にある署名から、下部教
会のフレスコ画はほとんどすべて13世紀後半の画家コンゾルスの作である
ことがわかる。

　下部教会にある出入口を抜けるとサクロ・スペコに行き着いた。傍らには
前飾りのある祭壇が置かれ、洞窟のなかには腕を十字に組んで胸に当て前方
の十字架を見つめる若きベネディクトゥス像が蠟燭の光に照らされて白く輝
いていた（口絵Ⅲ-8）。その姿は私にも神ごうしく修道精神について熟考し
ているように映った。

　このベネディクトゥス像はバロック芸術の巨匠ジャン・ロレンツォ・ベルニーニの弟子アントニオ・ラッギの作（1657年）とされる。蠟燭は12本立っていた。それはベネディクトゥスがスビアコに建てた修道院の数に因んでいる。何人かの参拝者がこの像の前で足を折り静かに祈りを捧げていた。そこにはサクロ・スペコに対する畏敬の念が滲んでいた。この空間に入って、私はそこに神秘的な空気が漂っていると感じた。そしていま、自分が「西方修道制の聖地」に立つことができたことにある種の感動も覚えた。こうした感情は文字や写真からは生まれてこないであろう。やはり現場訪問は大切である。

　下部教会の螺旋階段を下りると、聖グレゴリウスの礼拝堂に着いた。ここではコンゾルスの作とされる質素で穏やかな「アッシジのフランチェスコ」の肖像を見ることができた。ただし、この肖像には光輪も聖痕もなかった。そのため冊子には、この絵画は聖人がまだ生存中に描かれたとある。フランチェスコの死は1226年であり、この聖人が十字架上のキリストの聖痕と同じ傷跡を受けたとされるのは1224年のことである。

　上部教会に戻り、入口付近のフレスコ画を眺め、回廊の奥にあった部屋をガラス戸越しに覗いていると、老齢の修道士が現れて、なんと日本語で「どうぞお入りください」と話しかけ導き入れてくれた。部屋の中にはもうひとりの修道士がいた。こちらの人はこの修道院の事務を司る執事のようであった。

　こんなところで日本語を話す人に遭うとは想像もしておらず驚いていると、その修道士はニコニコしながら自分の経歴を話し始めた。この修道士は長年、ファッション・デザイナーであるピエール・カルダンの作品の普及に努め、日本にも長く滞在した経験をもつ人物であった。彼は日本にいたころのアルバム帳を持ってきて見せてくれた。そのなかにはカルダンや、私でも名前を知っている有名な日本の女優と一緒に撮った写真が何枚かあった。その場で盆踊りの「炭坑節」を踊って見せてもくれた。この踊りを見て、この人は日本人や日本文化に深く関わった人だということがよくわかった。

　彼は8年前に修道士となってこの修道院に来たという。華やかなファッション界で活躍した人がなぜこの辺鄙な岩壁の修道院に来たのか。その動機

サクロ・スペコのふたりの修道士　　　　サクロ・スペコに向かう巡礼者
（中央：同伴の妻）

を尋ねてみたかったが、何となく憚られて聞くことができなかった。ただ、
このとき私は、洋の東西を問わず、華やかな社交界と静寂な宗教界とは決し
て距離のあるものではないと感じた。

　この修道士たちと別れて、緑に包まれた小道を抜け、「パノラマが広がる
展望台」と書かれた看板の近くに立った。そこで雄大な景色を見下ろしなが
ら、私は前記の冊子を読み、あらためてスビアコの修道院の歴史を学んだ。
　こんな険しい山間の地域にも歴史上、多くの異民族が押し寄せ、スビアコ
はたびたび厳しい試練に見舞われている。とくに7世紀初頭のランゴバルド
人、9世紀のサラセン人、10世紀のハンガリー人などの侵入によって、修
道院は略奪の対象となり大きく破壊されている。しかしローマ教皇は、この
地の重要性を考慮して荒廃した修道院の再建に努め、ここを訪問して富や権
勢を付与してきた。有名なグレゴリウス7世（位1073－1085）は巡礼者のた
めに道路を建設し洞窟を整備して祭壇を聖別している。パスカリウス2世
（位1099－1118）はスビアコに特別な好意を寄せてティヴォリの司教管区から
修道院を独立させた。また、教皇の絶頂期を築いたインノケンティウス3世
（位1198－1216）も、1203年にスビアコを訪問して修道院に多大の資産を施し
ている。

聖スコラスティカ修道院とスビアコの街（遠景）

　しかし、14世紀以降、スビアコの修道院は俗化した。修道士間の不和が表面化し、修道院長職が教皇権限下におかれて枢機卿の聖職禄ともなった。近代になるとナポレオンのフランス軍が侵攻して略奪し、さらに19世紀後半には「イタリアの愛国者」と称されるガリバルディ（1807-1882）が占拠して、ここを教皇権から切り離し、1870年にはスビアコは最終的にイタリア王国下に入った。そして第2次世界大戦期にはモンテ・カッシーノと同じく、連合軍の空爆により被害を被っている。

　展望台を離れて、われわれは来た道を下り、聖ベネディクト修道院から約1.4キロ離れた聖スコラスティカ修道院に向かった。帰路は下り坂なので、疲れてはいたが、自然を楽しみながら歩くことができた。途中でスビアコの「ローマ広場」から参道を歩いてきた巡礼者たちに出会った。聖スコラスティカ修道院は520年ごろに建設された12の修道院のひとつであり、ベネディクトゥスの双子の妹スコラスティカに捧げられている修道院である。

　聖スコラスティカ修道院はネロ帝の3つの湖のうち最も高い地にあった湖の跡に立っている。その立地からしても、この修道院は歴史上、スビアコの修道院群のなかでは最も多くの巡礼者や観光客が集まり繁栄した修道院と

なったことがわかった。山道から見下ろすと、この修道院は異なる時代に造られた多様な様式の建物がひと塊（かたまり）に集まってできた小さな集落のように見えた。その建物群のなかでもひときわ目立つのが5層からなる鐘楼であった。この塔は11世紀中ごろに造られた、質素ながら威厳のある鐘楼であった。

　時折、巡礼者とすれ違いながら坂道を下り、12時過ぎごろにスビアコの街が展望できる修道院の入口付近に着いた。入口の上には「祈り、働け」Ora et Labora という生活信条が掲げられていた。私はこの標語を高校の「世界史」の時間で初めて学んだが、その標語を最も古いベネディクト会修道院の入口で見て、この修道会の精神をあらためて学んだように感じた。しかし、入口は閉ざされていた。3時半ごろまでは修道院は「昼休み」であった。そのため内部には入れなかったが、入口付近にあった修道院レストランに入って食事をすることはできた。

　レストランには観光客風の人が大勢いた。食事を取りながら修道院が開くのを待っている人びとであった。われわれが勧められたテーブルにはすでに3人の先客がいた。この人たちはジェノヴァ近郊に住む医師夫妻と医師の妹であった。われわれも彼らと同じ食事を注文して食べ始めた。最もよく喋るのは医師夫人であった。彼女はわれわれにもいろいろ話し掛けてきたが、イタリア語なので皆目わからず困った。拙い英語で話し、また紙にも書いて渡したがほとんど通じなかった。ここでも英語は通じないと感じた。そこで拙いフランス語を書いて渡したところ、ドクターが反応し、やっと意思が通じ合えるようになった。ドクターが「あなたはなぜここに来たのか。カトリック信者か？」と尋ねた。われわれの職業や日本での生活についてもあれこれ尋ねてきた。医師らしく、話は日本人とイタリア人の平均寿命にも及んだ。別れ際に彼らは頬擦り（仏語：bise）をしてくれた。ドクターの硬い髭の感触が今も残っている。

　われわれは午後2時ごろにレストランを出たが、修道院入口の扉が開くのは3時30分であり、まだ1時間30分も待たねばならなかった。その上、スビアコからローマに向かうバスの発車時刻は4時10分であり、そのまま修道院にとどまって見学していてはバスに乗り遅れることは明らかであった。これは「昼休み」の時間を計算に入れていなかった私のミスである。ここで

はバスもタクシーも利用できない。そのため、われわれはやむなくスビアコの「ローマ広場」に向かって歩き始めた。

　今日、聖ベネディクト修道院と聖スコラスティカ修道院を結ぶ道はハイキング・コースとしても整備されており、大自然のなかにフォレステリア（食事や宿坊の施設）や店舗、博物館、図書館なども建ち、観光客や巡礼者を楽しませてくれる空間ともなっていた。われわれは昼下がりの暑い日差しの下を木蔭で休みながら歩いた。途中でネロ帝が建てたという建造物の遺跡も見学し、アニエーネ川の畔も歩いた。この川は決して大きくはないが、水量は多く、若者たちがあちこちで泳いだりカヌーの練習をしていた。その光景を見て、私はローマ時代にこの川が水源地として開発されたことが納得できた。

　この日帰りの旅は、疲れたが、自然のなかを歩き、神秘的なサクロ・スペコや素晴らしいフレスコ画を見ることができて楽しく有意義であった。帰路、スビアコのバス待合所で休息していたとき、近くにいた中年の男性が簡単な固有名詞と手振りで「ローマまで行くから送る」と言って自分の車に誘った。親切な人だと思い近くにあった車に乗り込もうとしたが、まもなくバスも出るし何となく不安を感じたので断りバス停に向かった。今も、あれは白タクではなかったかと思っている。

（2）モンテ・カッシーノの修道院

　529年ごろ、ヌルシアのベネディクトゥスはスビアコを去り、ローマ市から南東へ約130キロ離れたラツィオ州カッシーノ市郊外にある、標高519メートルの岩山モンテ・カッシーノに新しく修道院を開設した。この修道院が「西方修道制の発祥の地」として知られる有名なモンテ・カッシーノの聖ベネディクト修道院である。

　ベネディクトゥスがスビアコを離れたのは、この地の在俗司祭フロレンティウスと不和になったからとされる。不和の原因は定かでないが、グレゴリウス1世によれば、この司祭はベネディクトゥスに対して強い憎悪を抱き、あるときは毒を盛り、またあるときは弟子たちを堕落させようと企んでいる。

　モンテ・カッシーノに移住して、ベネディクトゥスは序文と73の章から

なる『戒律』を執筆した。この『戒律』は12世紀に至るまで西方唯一の修道会規則であった。その後に生まれた西方の修道会も、その精神に基づいて会憲や会則が作成されている。ベネディクト修道会はこの『戒律』の下で「清貧」「従順」「貞節」さらには「定住」を誓願し、「祈り」と「労働」を信条とする共同生活を実践したのである。

さて、私は4月下旬の朝9時ごろ、妻と一緒に列車でローマ・テルミニ駅を発ち、10時30分過ぎにはカッシーノ駅に到着した。駅舎を出て、まず私は街並みが新しく綺麗だという印象を受けた。カッシーノ市は第2次世界大戦期のモンテ・カッシーノの戦い（1944年1月17日～同5月19日）で連合軍の激しい空爆を受けて破壊されており、戦後に復興された町が目に入ったのである（口絵Ⅲ-9）。

ついで駅舎近くの案内所に行って修道院に向かうバスの時刻を調べたが、バスは1日3本しか運行されておらず、私が到着したときにはすでに午前のバスは出た後であった。このとき私は、ヨーロッパでも最も有名な修道院に行くバスが日に3度しか運行されていないことに驚いたが、その原因は、自家用車や観光バスの普及もさることながら、戦災で修道院が破壊され訪れる人が少なくなってしまったことにあるのではないかと思った。

若者や巡礼者ならば、この山に徒歩で登ることも可能であろうが、われわれには到底無理であった。そのため駅前の広場でうろついていたところ、タクシーの運転手が声を掛けてきた。そこで結局、この運転手と交渉して20ユーロで山上の修道院まで行くことにした。

タクシーは市街地を通り抜け修道院に向かって岩山を登り始めた。かなり急で屈曲した坂道であったが、道路は綺麗に舗装されており、登るほどに眺めも素晴らしくなっていった。眼下にはカッシーノの街並みや周辺の集落、青色がかった山地地帯が広がり、遠くには山頂に雪を冠ったアペニン山脈の山並みも展望できた。途上、岩山と向き合う丘陵の中腹に、大戦時にドイツ軍と戦って犠牲となったポーランド兵1000人以上を埋葬したという墓地があった。この大規模で美しい墓地を見て、私はあらためてこの戦いの熾烈さを知った。修道院で購入した案内書によれば、この付近には戦死した英連邦やフランス、イタリアなどの兵士の墓地もあるという。なお、この戦いには

日系人で編成されたアメリカ軍歩兵部隊も投入され、多くの犠牲を出しながら勇敢に戦ったことでも知られている。

　タクシーはおよそ30分で頂上付近の広場に到着した。ここに立つと、モンテ・カッシーノがこの地域一帯の戦略上の要地であることがよく理解できた。この山は周辺の丘陵や渓谷を監視する最適地であり、修道院は言わば軍事的観測所となりうる建造物であった。

　この地理的位置のため、歴史上、不幸にも修道院は幾度も戦乱に巻き込まれ災害に見舞われてきた。しかし、修道院はその都度粘り強く蘇ってもきた。その歴史を一瞥してみると、まず6世紀後半にランゴバルド族が侵入して修道院を破壊した。このとき聖ベネディクトゥスの遺骸はフランスのオルレアン近郊にあるサン・ブノワ・シュル・ロワールに移され、修道士たちはローマに避難している。しかし、8世紀初めには再建され、フランク王国の宰相カール・マルテル（位714−741）の息子カールマンをはじめとして多くの著名な修道士たちが集う輝かしい時代を迎えた。787年にはシャルルマーニュもここを訪れ多大の特権を付与したという。

　9世紀後半になると、今度はイスラム教徒の侵攻を受けて破壊され焼き尽くされた。しかし、修道院はこの試練も乗り越え、11世紀のデジデリウスやオデリウスの院長時代になると修道士はおよそ200人を数え、修道院はかつてないほど拡張され、多数の優れた写本や美術工芸品を生み出して名実ともにヨーロッパの学芸の中心的存在となった。

　その後も修道院は幾度も災害を被った。1349年には地震によって大きな自然災害を被り、近代になると1799年にはナポレオンの軍隊によって破壊された。1866年にイタリア政府が修道院制度を廃止しモンテ・カッシーノは国有財産となるが、第2次世界大戦では連合軍の激しい空爆を受けて完全に破壊された。戦後、修道院は17、18世紀の様式をもとに復元され、やっと1964年に教皇パウロ6世（位1963−1978）の臨席の下で聖別式が執り行われた。私が訪れた修道院は、当然ながら、すべて戦後に再建された建物からなっていた。それらは新しくて美しかったが、歴史や伝統をあまり感じさせない、趣の乏しい建物群であった。モンテ・カッシーノが、その栄光ある歴

史や伝統にもかかわらず、世界遺産に指定されていないのは、そのためであろう。

　山頂付近の駐車場には多くの車や観光バスが停まっており、広場には大勢の人びとがいた。タクシーの運転手は、この日は特別な催しがあり、いつもより訪問者が多いと説明してくれたが、イタリア語風の英語であり、何の催しなのか、よく聞き取れなかった。資料を見たところ、1944年4月24日は連合軍がリーリ渓谷に進攻し、修道院と背後の丘陵を分断して、イタリア戦線におけるドイツ軍防衛線グスタフ・ラインの重要拠点であったカッシーノを包囲した日とあった。これを見て私は、当日はカッシーノ市が主催して各地から関係者が集まり、この時期の戦勝を祝賀していたのではないかと思った。

　広場から坂道を登ると、最初に出会った建物の上部に「平和」を意味する「パックス」PAX という文字が刻まれた入口があった。それは今日では使われていない古い入口であり、「ローマ塔」と呼ばれる独居房に導かれる玄関であった。ベネディクトゥスは日頃ここで過ごし、ここで『戒律』を執筆したと思われる。

　われわれはこの入口の前を通って新しい入口から「玄関の回廊」に入った。案内書によれば、ローマ時代にはここにアポロ神殿があったが、ベネディクトゥスはその神殿を破壊して洗礼者ヨハネに捧げて修道院を建てている。これもキリスト教徒が異教の聖地を破壊して自分たちの教会や修道院を建てた事例である。

　この「玄関の回廊」は1953年に再建された建物である。その中庭には、ベネディクトゥスが聖体を拝領した後、修道士たちに支えられて両手を天に突き上げている印象深い像が立っていた（口絵III-10）。ベネディクトゥスが他界したのは、ここにある礼拝堂の辺りとされる。

　この回廊を抜けて第2の回廊に入った。それは1595年に建築され第2次世界大戦後に再建された「ブラマンテの回廊」と呼ばれる回廊である。ブラマンテの名を冠するのは、この回廊がルネッサンス建築の巨匠ドナト・ブラマンテ（1444−1514）の建築様式に基づいて建てられているからである。ここは広びろとしていて居心地よい空間であった。その中央には4本のコリン

ブラマンテの回廊

ト式石柱に取り巻かれた八角形の井戸があり、西側には素晴らしいパノラマ
を眺望できるバルコニーがあった。

　この回廊には多くの訪問者が集まっていた。天気も良くて、この空間が美
しく映え、見晴らしも素晴らしかったからであろう。人びとのなかに青と白
の衣を纏った４人の修道女が目にとまった。そのうちの２人はポーランド人
とオーストリア人であり、他の２人はフィリピン人であった。同じ東洋人の
せいか、フィリピン人の修道女の方はとても人懐っこく笑顔で話し掛けてく
れて一緒に写真も撮った。

　回廊の東方向にある５層からなる石段の両裾には、ふたつの大きくて威厳
のある彫像が配置されていた。左がベネディクトゥス像であり、右が妹のス
コラスティカ像であった。ベネディクトゥス像は古くて趣があり、スコラス
ティカの方は新しくて美しい像であった。前者は刻銘に1736年の日付と彫
刻家カッララのカンピの名前がある作品であり、奇跡的にほとんど破壊され
ることなく今日に残った貴重な像である。後者もカンピの作であったが、空
爆で破壊され復元されたものであった。

　石段を上ると「施主の回廊」に入った。1513年に建立されたというこの
回廊も、空爆で破壊され大戦後に再建されたものである。ルネサンス様式の
美しい建造物であり、正面はバシリカ聖堂のファサード、その両側は灰色と

回廊列柱間に置かれた旧修道院の遺物　　　　　　　　旧修道院の敷石破片

　赤色の御影石で造られた列柱が並ぶ柱廊式玄関となっていた。そして回廊の壁面には修道院に寄進した幾世紀にもわたる24人の王や教皇の彫像が並んでいた。

　この回廊から青銅の扉を通ってバシリカ聖堂に入るとミサが執り行われていた。内部には厳かな空気が漂っており緊張した。このミサはモンテ・カッシーノの戦いに関わる祭儀であったであろう。残念ながら、ミサのために一般の人は入口付近に留め置かれ、内陣や後陣、礼拝堂、地下聖堂などを見学することはできなかった。しかし、留め置かれた位置からでも、主祭壇に至る身廊周辺の空間はよく見えた。それは金色で装飾された優美な空間であった。ただし、穹窿のフレスコ画や装飾、壁面の絵画などには空白部分があった。それらの空白はモンテ・カッシーノの聖堂がまだ完全には復元されていないことを物語っていた。

　聖堂を出て博物館に向かった。その玄関先の列柱の間にはローマ時代のヴィラの円柱や中世の柱頭の断片などが置かれていた。受付で入館料5ユーロを払って階下に下りると、かつての修道院の貴重な遺物が幾部屋にも分かれて展示されていた。

　印象に残ったものを挙げてみると、工芸品では旧聖堂の大理石の床石やモザイク画の断片、聖餐台、聖餐杯、香炉、礼拝用の装飾具、祭礼用衣服、行列用十字架、大理石や木製の彫刻物などであり、書籍や絵画類では古典や聖

書の原本や古写本、多彩で豪華な装丁本、修道院を描いた版画や線画、時祷書、聖ベネディクトゥスを描いた何枚かの図像などである。

　展示物はすべてかつての修道院の栄光を偲ばせる、値踏みできない貴重な文化財であるはずである。これらの宝物は連合軍の空爆を前にドイツ軍将校M・ベッカーとオーストリア軍将校J・シュレーゲルが多数の人員とトラックを使ってバチカンに疎開させたお蔭で焼失を免れたものである。戦後、宝物は院長イルデフォンソ・レアの再建プロジェクトの一環として修道院に返還された。ふたりの将校の英断により、今日、われわれはモンテ・カッシーノの修道院がヨーロッパの学芸の中心的存在であったことを垣間見ることができるのである。

　なお、付言すれば、疎開されたのは美術工芸品や書籍類だけではなかった。空爆前にドイツ軍伍長J・シュミットは、彼自身の責任において単独で行動することを許され、救出チームを作って農家から馬や荷馬車を借り、病人や介護の修道女たちを避難させたという。この崇高な行為も、民族や敵味方を越えた、深いキリスト教的な慈愛の精神がヨーロッパ人の間に宿っているひとつの証であろう。

　博物館を出て、ベネディクトゥスが日頃生活していた「ローマ塔」付近に戻った。ここに立って、あらためて私は、この地で彼がスビアコで得た着想を深め実践に移して『戒律』を執筆したことに納得できた。ここは標高500メートル余の岩山の頂付近であるが、東方修道制とは異なり、必ずしも人間生活にとって厳しい自然環境下にあるとは言えないところであった。この山にローマのアポロ神殿が立っていたことはすでに述べた。先に見た博物館には近隣から出土した前6世紀以降のエトルリアやローマ時代の埋蔵品も展示されていた。この付近一帯は、荒野や孤島とは異なり、修道院創設以前から人びとが住み集団的な生活を営んでいたところであった。

　重ねて言えば、モンテ・カッシーノの修道院は東方修道制のような過酷な自然環境の下で個人的な禁欲生活を追求する場ではなかった。ベネディクトゥスの『戒律』は集団的定住を前提としている。彼の修道院は院長の指導下で規律ある集団生活を目指す場所であった。この見晴らしのよい戦略上の要地に立って、私はベネディクトゥスの『戒律』が西欧人の間で受容され浸

透していくのが納得できたように思われた。

　午後 2 時ごろの広場には、まだ何台かの観光バスが駐車しており、その周りには大勢の乗客がいた。その近くでバス停を探してうろついていると、幸いにもマイクロバスの運転手が声を掛けてくれた。運転手には、われわれがバスの利用者であることがわかったらしい。乗客はわれわれの他はふたりしかいなかった。これなら日に 3 本のバスの運行でも十分だと納得した。運賃は安く、ひとり 2 ユーロであった。カッシーノの駅に着くと、近くのレストランで休憩して予定の列車でローマに帰ることができた。

　執筆にあたり、私はモンテ・カッシーノの旅を第 2 次世界大戦との関わりなしに綴ることはできなかった。その壊滅的打撃により修道院は過去の異彩を失っていた。この有名な修道院が世界遺産に指定されていない理由がよくわかった。人類の愚行に腹も立った。しかしながら、この旅で私は、その自然環境や地形を知り、復元された建造物や遺った逸品を通して往時の修道院の栄光を身近に感じることができた。この山の頂で見た光景は、今も鮮明に心に刻まれている。

4　コルンバのアイオナ修道院（イギリス 2018年6月）

　北緯56度を越えるスコットランド西海岸沖にインナー・ヘブリディーズ諸島のひとつであるアイオナ Iona 島が浮かんでいる。この島は通常の地図にはほとんど記載されないほど小さな島（最大幅約2.6キロ、最長約5.6キロ）であるが、ここには563年ごろにアイルランドの修道士であるコルンバ（コロンバ）Columba（ゲール語名：コルムキル Columcille）（521－597）が創建し、中世前期ブリテン島のキリスト教布教に寄与したアイオナ修道院が立っている。この島がゲール語で「コルンバの島」（i-Columcille）と呼ばれる所以である。この夏、私はこの島を訪れた。

　ここでアイルランドのキリスト教について一瞥しておくと、その歴史は、実質上、アイルランドの守護聖人である聖パトリキウス（387頃－461）とともに始まる。ローマ帝国末期の混沌とした時代に「西の果て」アイルランド島では、奴隷の身を脱してガリアで修養を積んだパトリキウスや彼の弟子たちの尽力によって大規模な布教が進められ、当時のキリスト教圏のなかでは先進的な修道院文化が開花したのである[※]。

　パトリキウスの事績を受け継いだアイルランドの修道士たちは、アイルランド島のみならず、海を渡り、スコットランドや北部イングランド、さらには西ヨーロッパ各地にケルト系修道院を建てて布教に力を注いだ。彼らがもたらした修道院文化は中世前期の西欧に大きな影響を与えることになる。当時の西欧にはすでに幾多の修道院はあったが、まだ共通したいかなる戒律も存在してはいなかった。6世紀初めごろに修道生活の規則を定めた聖ベネディクトゥスの戒律も、その後1世紀以上もの間ほとんど重要性をもつことはなかったのである。

　ただし、アイルランドに開花したキリスト教文化は、ローマ教会を直接介さないケルト的キリスト教文化であった。異教信仰を徹底して破壊したローマ・キリスト教の文化とは異なり、この文化はアイルランドのドルイド信仰と融合したキリスト教文化であった。アイルランドの修道士たちはローマから切り離された特殊な環境のなかで育ち、東方的な禁欲生活を重んじ、遍歴

を好んで海を渡り独自のケルト的キリスト教を西欧各地に広めたのである。

　コルンバはその先駆的な人物であった。この人はアイルランド北西部の高貴な王族の家系に生まれ、543年ごろアルスターにデリー修道院を建て、546年には有名なダロウ修道院を設立した。しかし560年代になると、その経緯は定かでないが12名の仲間とともにアイルランドを離れ、アイリッシュ海を越えてアイオナ島に渡りアイオナ修道院を創建したのである。

　さて、アイルランド島の最北端より北に位置するアイオナ島を訪れるのは、現地の事情にまったく不案内であり、また老齢でもあって、かなり勇気がいったが、私は6月中旬、意を決して中部国際空港からヘルシンキ経由でエディンバラ空港に飛んだ。そして翌朝には列車でエディンバラ・ウェヴァリー駅を発ち、グラスゴーで乗り換えてスコットランド西海岸の港町オーバンに向かった。グラスゴー〜オーバン間は山間の林や崖を抜ける単線であり、3時間以上もかかってやっと終着駅オーバンに到着した。午後2時ごろにオーバン駅舎を出たが、そのときすでに雨が降っており、風も強く、果たして翌日にアイオナ島に渡ることができるかどうか不安となった。

　その日の夕刻、情報を得るためにフェリーの案内所に行き尋ねたところ、ストームのために欠航する可能性があると知らされた。翌朝、私は再び案内所を訪ねたが、やはり風雨が強く海が荒れていてフェリーは欠航すると告げられた。

　こうした事態も想定して、旅の日程は緩やかに組んでおいた。幸い、陸上交通は運行したので、その日は強い風雨のなか、バスでオーバンを発ちフォート・ウィリアムで乗り継いでネス湖畔を通りインヴァネスまで旅をした。ブリテン島北東岸のモレイ湾岸にあるインヴァネスに近づくにつれて天候はよくなり、図らずもスコットランド高地を分断するカレドニア地峡の景観を楽しむことができた。夕刻、オーバンに戻ったが、朝の出発時より天気が穏やかになっており、翌朝はフェリーが運航されるのではないかと幸運を願った。

　翌朝は何とか嵐が治まっており、願いが叶って朝7時30分にオーバン港を出航し、アイオナ島に近いマル島に向かうフェリーに乗ることができた。フェリーは約45分ほどでマル島のクレイグニュア港に着いた。風はまだ強

オーバン港

かったが青空も見え始め、船上からは小島が点在する北の海の景観を楽しむ
ことができた。
　マル島はインナー・ヘブリディーズ諸島のなかでは2番目に大きな島であ
る。クレイグニュアから直接アイオナ島へ向かうフェリーはない。そのため
アイオナ島に渡るにはまずバスでマル島西南端部の港町フィオンフォートま
で移動し、そこからアイオナ島に向かうフェリーに乗り換える必要があっ
た。このバスは対向車と擦れ違うためにところどころに空地が設けられた狭
い一本道を通って、およそ1時間20分ほどでフィオンフォートに到着した。
その間はほとんど集落はなく、車窓には岩肌が剥き出た北方の島特有の原野
が広がっていた。そんななかで丘陵の頂付近から流れ落ちる水があちらこち
らで白い滝の筋を描いており、美しく印象的であった。
　フィオンフォートに着いてフェリーに乗り換えた。このフェリーは特別に
許可された車両以外は載せることのできない小型船であった。フェリーはお
よそ30人ほどの乗客を乗せて約1.6キロ幅の狭いアイオナ海峡を渡り、午前
10時過ぎにアイオナ島東岸中央部の船着場に到着した。桟橋に近づくにつ
れて修道院がくっきりと見えるようになった。このとき私は聖コルンバの島
に無事着くことができたことに安堵し、甲板から乗り出すようにして何枚か
の写真を撮った。

この島には現在、およそ150人程度の住民しか住んでいないが、夏季には多くの巡礼者や観光客が訪れて一時的に人口が膨らむという。私は、到着前は、この島を漠然と厳しい自然環境下にある北の小島といった暗いイメージでしか捉えていなかったが、上陸してみて、この季節のアイオナ島は、嵐が過ぎた後であったからでもあろうが、清浄な空気に包まれ、道沿いにはピンクや白、黄色の花も咲く静かで美しい島であると感じた。

　フェリーを降りて徒歩でアイオナ修道院に向かった。その途上で、まずアイオナ女子修道院の遺構に立ち寄った。この女子修道院はアイオナ修道院がベネディクト会修道院として再建された13世紀初頭に開設されたが、この修道院もヘンリー8世（位1509－1547）の修道院（大）解散令（1539年）以来廃墟化し、男子修道院とは異なって再建されなかった。しかし、その遺構はスコットランドのなかでも最も良好な状態で保存されている女子修道院として知られている。実際、入口の柵を越えて入ってみると、その境内はよく手入れされ、空地には花も植えられ、全体が庭園のように映った。修道院の西南側にあった教会は壁面がよく保存されていた。教会北東部の小礼拝堂にはリブ・ヴォールトの天井も残っていた。

　女子修道院の境内を出てアイオナ修道院に向かう道中には"マクリーンのクロス" Maclean's Closs と呼ばれる高十字架が立っていた。この高十字架はマル島を統治していたマクリーン一族のクロスであり、一般に知られるケルト十字架と異なり、柱頭部が円環でなく円盤であった。

　船着場からおよそ1時間後にはアイオナ修道院の南西側境内に到着した。目の前には20世紀前半に再建されたという新しくどっしりとした修道院が立っていた。ここでその歴史にふれておくと、この修道院は6世紀に創建されケルト・キリスト教布教の中心地となったが、長い歴史の間に2度の危機に遭って廃墟に追い込まれている。最初は8世紀ごろから始まるヴァイキングの度重なる襲撃である。その後、この海域を治めた自称"島嶼王"サマーレッド（？－1164）の息子ラナルドの招きにより、1203年ごろにベネディクト会修道院が再建され繁栄したが、16世紀にはヘンリー8世の修道院解散令によって閉鎖され再び廃墟化した。しかし、1899年になると再建が始まり、1938年には修道院の精神的再生を目指す超宗派的なアイオナ・コミュ

アイオナ島船着場付近の景観と修道院（中央奥）

アイオナ女子修道院入口

アイオナ女子修道院遺構

ニティが組織されて修復管理され、アイオナ島は現代ケルト教会の発祥の地となった。私がここで見たのは、この復興された修道院である。

　境内に入り、左手に聖コルンバの書き物小屋があったとされる小高い「修道院長の丘」を見ながら、受付を通り、修道院の西正面前の広場に立った。アイオナ修道院を訪れて最も印象に残ったのは、この空間であった（口絵III-11）。

　ここではまずふたつの巨大な十字架が目を引いた。聖マーティン・クロスと聖ジョン・クロスである。これらのクロスはラテン十字の柱頭十字交差部を円環で繋ぐ、ケルト十字架特有の石造ハイ・クロスである。8世紀後半に製作された聖マーティン・クロスは、修道院教会の入口付近にある聖コルンバ廟へ導く小径と、修道院の南西側にある聖オラン礼拝堂やオラン墓地に向かって走る、敷石の間が芝で被われた「死者の道」との交差点付近に立ち、また8世紀中ごろに製作された聖ジョン・クロスは聖コルンバ廟の付近、正確にはその正面に立っていた。なお、このふたつのハイ・クロスの間には聖マシュー・クロスの嵌め込み用台座もあった。この十字架は、後述するが、その破片がいくつか接合されて修道院博物館に保存されている。

　これらのハイ・クロスは、その配置からして、明らかに巡礼者たちを聖コルンバ廟に導く道標の役目をしている。聖コルンバ廟は今は修道院と北および東の壁面で接する小さな石造りの建物であるが、元来この建物は8世紀中ごろに聖コルンバの墓所の上に建てられた独立した礼拝堂であって、一群の修道院建造物のなかでは小さいながら最も古く、コルンバの聖遺骨を受け継いだ最も神聖な建物である。今日の建物は1962年に再建されたものであるが、その土台の敷石には創設当初のオリジナルのものもあるとされる。それゆえ、この廟はコルンバの聖なる力を求めて訪れる古今の巡礼者たちの終極の目的地であったはずである。この空間に立って、私の脳裏には、巨大な十字架を仰ぎ見て祈り、その下で一息ついて聖廟に向かう巡礼者たちの姿が浮かんできた。

　こうした巨大な石造十字架を見るとケルト文化圏に来たという実感が湧いてくる。アイルランドの伝承では、ハイ・クロスは聖パトリキウスが異教徒

<table>
<tr><td>聖マーティン・クロス
（背後：院長の丘）</td><td>聖ジョン・クロス
（背後：聖コルンバ廟）</td></tr>
</table>

の改宗に際してキリスト教のシンボルである十字と太陽を表わす円環を結合させて考案したものである。こうした形状の十字架はアイルランドのキリスト教が土着のドルイド信仰と融合して生まれ発展したことを物語っている。この形状は実際にはパトリキウス以前から存在したとも言われるが、生命の源という属性をもつ太陽と重ね合わせた十字架は異教徒たちにその重要性を説き改宗させるのに役立ったであろう。

　ここで見たふたつのハイ・クロスについて、いま少し詳述しておくと、聖マーティン・クロスは４世紀のガリアに生きた聖マルティヌスに捧げられたクロスである。真下に立っていた看板には、この十字架は「今日まで1200年以上にわたり、この同じ場所に崩れることなく立ちつづけたオリジナルのハイ・クロス」と説明されていた。その高さはおよそ4.3メートル、横軸が約1.2メートル、円環の直径が約1.1メートルあり、両面には異なった彫刻が刻まれていた。その彫りは、看板の説明を参照すると、修道院を背にした西面には聖書の場面が刻まれ、修道院側には当時の彫刻の典型的なシンボルである蛇を伴った装飾突起の図柄が刻まれていることがわかった。

他方、聖コルンバ廟の正面に立つ、使徒ヨハネの名を冠した聖ジョン・クロスは8世紀中ごろ製作された、高さ約5.3メートル、横軸約2.2メートル、円環の直径約1.25メートルもある、高くて幅の広いクロスである。その表面はキリストの威厳を表わす獅子や、キリストの復活を表わす蛇や鳥の巣なども刻まれているが、全体としては抽象的で装飾的な紋様で被われていた。受付で購入した修道院公認の案内書『アイオナ：大修道院と女子修道院』によれば、その紋様は有名な『ケルズの書』（後述）にも通じるケルト特有の宗教的図柄であり、高度な装飾であって、修道士たちが太陽の動きとともにその彫刻を読み、キリストの神性を追究する助けとしたものである。

　ただし、ここに立つ聖ジョン・クロスは聖マーティン・クロスとは異なりレプリカである。破片を組み合わせた原物は付属博物館にある。それと知って、私は急ぎ博物館に行って見たいという衝動に駆られたが、その建物は修道院の北東側にあるため、まずは西正面入口が広場に面する修道院教会から見学した。

　この教会は1200年過ぎにベネディクト会の教会として再建され、前記案内書掲載の図面を見ると、おそらく巡礼者の増加に伴って1200年代末ごろまでに拡充され、1400年代半ばには身廊が南に広げられたが、1560年の宗教改革後に一部を除き遺棄された教会である。今日の教会は20世紀に入って、おおむね1400年代の図面に基づいて復興された建物である。

　教会内部は、全体としては新しいが、光が差し込んで荘厳な雰囲気が出ていた。身廊は側廊のないシンプルな長方形であり、南および西の壁面には一部、1400年代のものと思われる古い壁が確認できた。聖歌隊席や内陣は風格があり威厳があった。建物内にはところどころに十字架や碑文、人物像などが刻まれた墓石が置かれていた。それらは主に1900年代になって保存のために屋内に移された西高地島嶼の支配者や聖職者たちの墓標であった。また、北翼廊には台座のみ残る壁龕があった。そこにはおそらく聖コルンバ像が立っていたが、今日ではワイヤーで造られたモダン・アート風の像が立ててあり印象に残った。

　教会を出て博物館に向かった。この建物はかつては修道士たちの療養所であり、1960年代に大規模改築されたという。オリジナルの聖ジョン・クロ

スは他のふたつの同じくオリジナルのハイ・クロスとともに照明に照らされて立っていた（口絵Ⅲ-12）。中央に聖ジョン・クロスが置かれ、その左後方に聖オラン・クロス、右後方には聖マシュー・クロスが配置されていた。これらのクロスは何世紀もの間に砕けた幾つかの破片を組み合わせ特殊な金具で復元した十字架である。

　照明で浮き彫りにされた聖ジョン・クロスは神秘的で力強く美しくさえ感じた。その表面は、いくつかの割れ目や失われた部分はあるが、1200年以上も前に彫られた紋様がはっきりと確認できるものであった。案内書によれば、紋様は装飾的ではあるが、すべてが意味をもっている。クロスのあちこちにある円型突起はキリスト受難時の傷を表わし、円環下部の「鳥の巣」浮彫の中にある3つの卵は三位一体を表わしている。また、軸の中央下部にある幾何学的な菱形紋は神性の象徴であるという。

　左後方に立つ聖オラン・クロスは聖オランに捧げられたクロスである。聖オランとはコルンバとともにアイオナ島にやってきた12人の仲間のひとりであり、コルンバの伯父（叔父）とも言われ、伝承では礼拝堂建立の際に自ら犠牲となって埋められたという人物である。このクロスは聖ジョン・クロスよりもやや古い時期に製作された、円環のない十字架であり、当時は聖オラン礼拝堂につづく「死者の道」沿いに立っていた。その地点には今日も嵌め込み用台座が残っている。

　また、右後方に立つ使徒マタイに捧げられた聖マシュー・クロスは、十字架頭部がほとんど失われており、立てられていなければハイ・クロスとはほとんど気づかないものであった。このクロスは、聖マーティン・クロスと聖ジョン・クロスとの間付近にある、オラン墓地に向かう小径の出発点あたりに立っていた十字架であり、今日もそこに嵌め込み用台座を見ることができる。

　これらのオリジナルのハイ・クロスと向き合って、私は原物のもつ威厳や存在感に魅了された。ハイ・クロスがケルト・キリスト教の象徴であり崇高な芸術であることも実感した。巨大な十字架は、その周りに敬虔な信者や巡礼者が集い、畏敬して仰ぎ祈る光景を彷彿させてくれた。修道院の受付にいた修道女姿の学芸員によれば、島の船着場から聖コルンバ廟に至る道沿いには、これらのクロス以外にも、かつては木製も含めて、いくつかのハイ・ク

ロスが立っていたという。それらの十字架は道標としてのみならず、その沿道を聖なる空気で包み「聖なる空間」に高めたことであろう。

　博物館にはオリジナルのハイ・クロス以外にも、古くは600年代にまで遡るという、精巧な戦士像や十字架、碑文などが刻まれた墓石や工芸品が数多く展示されていた。それらは中世前期のアイオナ島が高度なケルト・キリスト教文化の中心地であったことを印象づける貴重な作品であった。
　そのなかにはアイルランドの至宝といわれる有名な『ケルズの書』の複製もあった。この書は4つの福音書（マタイ、マルコ、ルカ、ヨハネ）の典礼用手写本であり、『ダロウの書』や『リンディスファーン福音書』と並ぶケルト三大装飾写本のひとつとされる。オリジナルは現在、アイルランドのダブリン大学にあるトリニティ・カレッジで保存されている。この書の制作の時期や場所は必ずしも明確ではない。これまで私は、いくつかの文献に基づいて、この書は800年前後に聖コルンバの偉業を称えてアイオナ修道院で制作が着手され、ヴァイキングの襲撃が激しくなるとアイルランド中部のケルズに新設されたコルンバ修道院に移して完成されたと考えていた。しかし、修道院公認の案内書には、近年の写本研究の成果やアイオナのハイ・クロスのモチーフとの類似性などを手掛かりにして、この書は聖コルンバ没後200年を記念して、800年ごろに熟練した修道士チームによりアイオナ修道院の写本室で制作され、完成後すぐにケルズに移されたと説明されている。
　いずれにしても、『ケルズの書』の制作にアイオナの修道士が関わったことは疑いない。私は、幸いにも、2年前（2016年4月）にダブリンを訪れたとき、この装飾写本の実物を見る機会があったが、この書がケルト特有の渦巻、組紐あるいは動物の紋様などで飾られ、自然形態の抽象化や紋様化、無限の繰り返しなどが表現されている「世界で最も美しい本」と呼ばれる逸品であることをあらためて想起して、中世初期にケルト・キリスト教文化が土着のドルイド文化と融合して高度に開花したこと、ことにアイオナ修道院がその中心的存在として学問や芸術さらには伝道上に大きく貢献したことに得心がいった。

　嵐の余波で当日はなお時折、雨がぱらつき風もあった。博物館を出たとき

オラン墓地から見た礼拝堂と修道院

また雨が降り始めたので、傘を差して船着場近くの食堂に行き昼食をとった。その後、再び修道院に引き返して、「死者の道」沿いを歩いてオラン墓地および聖オラン礼拝堂を訪れた。

　聖コルンバが修道院を創設して以来、アイオナ島は聖なる島となり、オラン墓地は修道院の埋葬地として神聖化されるようになった。そのため、一般にはオラン墓地はこの海域を支配した初期の王族たちの埋葬地となったと信じられてきた。

　しかし、案内書を見ると、この地がキリスト教に帰依した初期の王たちの埋葬地であったかどうか、今日、議論が出ている。初期のスコットランドの王たちがここに埋葬されたことを示す記述史料や考古学的資料がほとんどないために、専門家の間で疑問視されているというのである。この点について受付にいた修道女の衣を纏った学芸員に尋ねてみたところ、彼女は「おそらく」を付け加えながらも、初期の王たちの埋葬を事実として受け容れていた。私はここに来て墓石や墓標を見て回ったが、それと推測させるような年代の古いものは見当たらなかった。しかし、ここからは多くの出土品が発掘されており、近代になって貴重なものは屋内に移されている。ここに立って私は、それらのなかに初期の王族に関わる確かなものが検出できないかどうか、あらためて精査してみたい衝動に駆られた。

オラン墓地の修道院寄りに立つオラン礼拝堂は、原型のまま残っているアイオナ最古の建造物とされる。案内書によると、この建造物はおそらく12世紀、より正確には"島嶼王"サマーレッド王の生存中（1164年没）に、古い礼拝堂の上に王朝の霊廟として新しく建られた礼拝堂であり、それ以降ここがスコットランド西高地の最も卓越した戦士たちの遺骸を安置する場所となった。この点が確かであれば、アイオナ修道院は、ヴァイキングの襲撃後、サマーレッドおよび息子ラナルドの親子2代の治世にわたって再建されたと言えよう。これまでラナルドはほとんど注目されてこなかったが、父ではなく息子が修道院を再生するために13世紀初頭にアイオナ島にベネディクト会修道士を招聘し、また女子修道院を創設したのである。

　この礼拝堂は西正面の入口にロマネスク風の装飾が施されていたが、全体としてはアイルランド建築の影響を受けた切妻型の簡素な建物であった。案内書を見ると、内部の主祭壇周辺には島嶼の高貴な身分の者の遺骸が安置されており、サマーレッドと息子ラナルドはおそらく祭壇の北および南にある平板墓石の下に眠っているとある。また、入口付近にある中央平板には、踏みつけられて擦り減っているが、島嶼の新しい支配者に贈られる剣や徽章が彫られているとある。これらの説明は、私には修道院の再興をもたらしたサマーレッド父子の隆盛期を窺わせる記述であった。

　内部を見学するために礼拝堂の中に入ろうとしたとき、私は何人かの人がそこでミサを唱え輪になって踊っているのに気づいた。その迫力に押されて入口付近に立ち止まっていると、ひとりの婦人が出て来て手招きしてくれた。その手招きが遠慮なく入って自由に見学せよという意味か、それとも一緒に加わって歌えといった意味なのかよくわからなかった。また、彼らは熱心な巡礼者の集団のように映ったが、実際にはどのような人びとかもわからなかった。そのため結局、礼拝堂内に入るのをやめてしまったが、しかし彼らが歌い踊る光景を見て、私はこの礼拝堂さらにはオラン墓地が単なる遺跡ではなく、なお今日も信仰の対象として崇められていることを肌で感じることができた。

　聖コルンバ修道院は、荒海に浮かぶ島の景観に溶け込んで、ケルト・キリスト教世界の「最も格の高い修道院」のひとつといった雰囲気を醸し出して

いた。ここを訪れて、私は彫刻が施されたハイ・クロスや墓石に魅了され、また『ケルズの書』の故郷に立って、あらためてこの装飾写本の真価にふれた思いがした。それらは中世前期のアイオナ島に有能な修道士が育ち、熟練した石工も渡来して独自な学問や芸術が開花し、この島が多くの巡礼者の訪れるケルト・キリスト教布教の中心であったことを実感させてくれるものであった。

　なお、今回の旅は、嵐に遭って島を巡る時間が大幅に削られ、島の自然にふれ、その景観を楽しむ計画は取りやめざるを得なかった。コルンバが上陸したとされる島最南端のコルンバ湾へ行くこともできなかった。しかし、この島に渡ることができて満足している。

　　※私はアイルランドを旅したとき、聖パトリキウスの布教の拠点となった北アイ
　　　ルランド南東部のアーマーを訪れた（2016 年 4 月）。アーマーにはふたつの大聖
　　　堂が相対峙するように立っていた。ひとつは南の丘上に立つ聖パトリキウス大
　　　聖堂（アイルランド国教会）であり、もうひとつが北西丘上に立つカトリック
　　　大聖堂である。このうち前者が445 年ごろパトリキウスにより布教活動の拠点と
　　　して建てられた石造教会の跡地に立つという由緒ある建造物である。この大聖
　　　堂は13 世紀ごろに建造され改築が繰り返されたゴシック様式を基本とする建物
　　　であった。聖堂内にはキリスト教以前の神像やハイ・クロスなどアイルランド
　　　の歴史を考える上で興味深い貴重な歴史的遺物をいくつか見ることができた。

5　コルンバヌスの修道院（フランス 2014年4月）

　2014年4月、南仏コート・ダジュール沖のレラン島を訪れた翌朝、私は
カンヌ近郊のジョアン・レ・パンを列車で発ち、聖コルンバヌス（コロンバ
ヌス）Columbanus（543頃－615）の縁（ゆかり）の地であるフランシュ・コンテ地方の
リュクスイユ・レ・バン Luxeille-les-Bains に向かった。コルンバヌスはコル
ンバと同じくアイルランドの修道士であり、コルンバより約30年遅く海を
越えて伝道に旅立った人物である。

　南仏の地中海沿岸からリュクスイユに向かう旅はフランスをほぼ南北に縦
断する長旅であった。リヨン、ついでベルフォールで乗り継いでリュクスイ
ユに到着したのは午後8時30分を過ぎていた。途上、車内にアクシデント
も発生したが、車窓から見るローヌ川やソーヌ川流域の景観は穏やかであ
り、また点てんと広がる黄色い絨毯のような菜の花畑が美しく退屈はしな
かった。この季節は菜種栽培の時期である。リヨンから隣の席に乗り合わせ
た初老の乗客が菜種をフランス語で“コルザ”colza と呼ぶと教えてくれた。
このフランス人紳士が今も印象深く記憶に残っている。

　聖コルンバヌスの生年は定かでないが、おそらく彼は6世紀半ば近くにア
イルランド島北西部のレインスター辺りの裕福な家庭に生まれ、20歳のこ
ろにベルファストの近くにあるバンガー修道院の修道士となった。コルンバ
ヌスが修道院に入ったのは、伝承では少年時代の彼が金髪で端正な容姿で
あったために絶えず女性の熱い眼差しを浴びて困惑したからであったとい
う。

　修道院で修養を積んだ後、コルンバヌスは12人の修道士とともにバンガー
を離れて大陸に向かうことになる。余談になるが、私が2年前にアイルラン
ド島を旅してバンガー修道院を訪れたとき、修道院に向かう路上の敷石2枚
にわたって「591年、聖コルンバヌス、ヨーロッパに発つ」という文字が金
色の鳩の絵とともに刻み込まれているのに気づいた。コルンバヌスの出発年
には諸説があるが、その敷石にはコルンバヌスに対する市民たちの敬愛の念

が滲んでいるように思われた。

　コルンバヌスはガリアに着くと入植先を求めて長く遍歴している。バンガーを発った後、彼はブルターニュ半島のサン・マロ近くのサン・コロンブに到着し、ルーアンやノワイヨンを通ってランスに向かい、フランク（アウストラシア）王キルデベルト2世（位575−596）に会って彼の王国に居住する権利を得た。その後、さらに彼は仲間とともにシャロン・アン・シャンパーニュ、ラングル方面を経てヴォージュ山地に到来し、フランク（ブルグンド）王グントラム（位561−593）の許可を得て今日のオート・ソーヌ県のサン・マルタン山麓にあったローマの城塞跡アヌグレイ Annegray に落ち着いた。そして、この地で森を開墾して茅葺の建物を建て、病人を受け入れ新しい修道士の養成に努めたのである。

　アヌグレイの修道院はコルンバヌスが長い旅を経てガリアに築いた最初の修道院である。それゆえ、アヌグレイは彼が探し求めた、いわば修道生活上の理想の地であり、彼の修道精神を窺い知ることのできる貴重な地理的空間であると考える。

（1）アヌグレイ

　さて、リュクスイユに到着した翌朝、私はまずアヌグレイに向かった。アヌグレイはフランシュ・コンテ地方のラ・ヴォワーヴル村にあるはずであるが、驚いたことに、ホテルの受付で尋ねてもこの村がどこなのか正確には誰も知らず、結局タクシーを頼み、運転手にあらかじめネットで検出しておいた地図を見せながら東北方向に進んだ。運転手もその土地がよくわからず、途中で何度も尋ねながら探したが、いつの間にかボージュ山地の森に入り込み、細い山道をぐるぐるさまよう破目になった。森の中ではいくつかの池を見た。ラ・ヴォワーヴル村の役場で貰ったパンフレットで知ったことであるが、この地域には「千の池」Mille Étangs と呼ばれるほど多くの池があり、夏季には釣り人やハイキングを楽しむ人が来るという。それらの池はヴォージュ山地の水脈から湧き出る水が氷河渠に流れ込んでできた池である。

　タクシーはしばらく山道を巡った後、やっとラ・ヴォワーヴル村の役場に着いた。そこにいた案内係の婦人が役場の裏手に修道院跡があると教えてく

アヌグレイの小礼拝堂前の修道院遺構 聖コルンバヌス礼拝堂前の
女史と筆者

　れた。裏に出てみると、小さな礼拝堂があり、その近くに発掘された小さな
修道院の遺構があった。
　役場の係が電話をしてくれたお蔭で、しばらくすると、ひとりの婦人が車
でやってきた。この婦人はダニエル・ディラン女史であり「聖コルンバヌス
の友の会」の会員と名乗った。女史はこの地域のコルンバヌス研究者仲間が
組織する同会の責任者であった。彼女はまず小礼拝堂の入口の鍵を開けて中
を見学させてくれた。この小礼拝堂自体は20世紀前半に建てられた新しい
建物であり、そのなかにはコルンバヌス像やこの聖人にまつわる品がいくつ
か祀られていた。ついで女史は上記の遺跡を案内してくれた。決して規模の
大きなものではないが、「友の会」が発掘し調査を終えていることがよくわ
かった。役場に分厚い『発掘調査報告書』があったが、一冊しかないから提
供できないと断られてしまった。
　その後、女史は親切にも自分の車でサント・マリー・アン・シノワの北西
山中にある聖コルンバヌス礼拝堂に案内してくれた（口絵Ⅲ-13）。礼拝堂は
車でおよそ20分の距離にあったが、それは狭い山道を曲がりながら登って
やっと辿り着くことのできる、地元の住民しか訪れることができない山の斜
面に立っていた。ここはコルンバヌスがアヌグレイに到着した後、時どき修
道院を離れてこの山中に籠った地である。彼は主の祝日や聖人たちの祭典が
近づくと独りになってここにあった洞窟で瞑想し祈りを捧げたという。この

コルンバヌスの寝床

岩に嵌め込まれた聖コルンバヌス像

奇跡の泉

山間の僻地に立って、私は東方的な伝統を引くアイルランド修道士が厳しい自然環境のなかに身を置くことを志していたと感じた。

　礼拝堂の立つ山の斜面はアヌグレイ一帯を眺望できる見晴らしの良い場所であった。女史によれば、この礼拝堂はそれまで存在していた16世紀の建物に替わって、1872年に4つの小教区が共同で再建した新ロマネスク様式の建物である。奥には祭壇があり、その左側には「コルンバヌスの寝床」と呼ばれる平たい石があった。かつては多くの巡礼者や病人たちがこの「寝床」に横たわるために訪れたという。この辺りはコルンバヌスが隠遁場所として選んだ洞窟のあった所であるが、今日では崩れてしまっており、その跡地に礼拝堂が建てられたのである。

　礼拝堂のある斜面の奥には小さな洞穴があった。それは崩れたコルンバヌスの洞窟の最奥部であったと思われる。640年ごろにボビオの修道士ヨナス

によって書かれた『聖コルンバヌス伝』によれば、この洞窟は熊の棲家であったが、コルンバヌスが来ると熊は快く明け渡したという。その前方には岩に嵌め込まれた聖コルンバヌスの肖像があり、近くには水が湧き出る泉もあった。この泉は、同じく『聖コルンバヌス伝』によれば、若い修道士が毎日アヌグレイの修道院から水を運ぶのを見て、コルンバヌスが水を湧き出させたという「奇跡の泉」である。コルンバヌスのころは、この一帯は今日では想像しがたいほど人里離れた辺鄙な場所であったはずである。現場で上記の逸話を想起して、私はそこに自然を崇敬するアイルランド修道士の精神が表れているように感じた。

(2) リュクスイユ

　アヌグレイの遺跡を見学した後、私はラ・ヴォワーヴル村の役場の前で予約しておいたタクシーに乗り込んでリュクスイユに戻った。

　コルンバヌスは、その後、アヌグレイから南西に約12キロ離れたリュクスイユに新しい修道院を建てた。彼はアヌグレイに根付いた伝道活動をさらに発展させようとしたのである。現在のリュクスイユは人口約7600人の一地方都市にすぎないが、ここはローマ人の征服以前からガリア人の集落が存在したフランス北東部の要地であった。その名はケルト神ルッソイウス Lussoius に由来し、ローマ時代にはルクソヴィウム Luxovium と呼ばれる、当該地方の重要な都市となっていた。

　ローマ人がこの地を重視したことは都市北部のサン・タァンヌ通りにガロ・ローマ時代の陶器窯が発掘されたことや、彼らの浴場遺跡が存在することからも明白である。都市の北西部には今日、ヴォージュ山地から出る赤い砂岩で造られた18世紀建造の堂どうたる温泉施設が立ついる。市の観光センターで入手した案内書によれば、その周りにある広場の芝下にはローマ時代の浴場遺跡が広がっているという。ここが古くから温泉の湧き出る土地であったことは、その正式な名称リュクスイユ・レ・バンに反映されている。リュクスイユを訪れて、私は浴場文化の嗜好をもつローマ人がこの地を好んだ理由がよく理解できた。

　この都市の中心部にはメイン・ストリートであるヴィクトル・ユノー通りが南北に走っている。その通り沿いにあったレストランで昼食をとった後、

リュクスイユの考古学発掘現場

　私はヴィクトル・ユノー通りの東側中央部に集中している歴史的建造物の見
学に出かけた。
　その中心に位置する荘厳な聖ペテロ・パウロ大聖堂の西正面近くに着く
と、まず大規模な遺跡の発掘現場が目に入った。その現場はテントが張られ
金網で囲まれており、全容は把握できなかったが、案内書の記述から判断す
ると、ここには5世紀ごろに聖マルティヌスを祀る教会が建てられ、その後
陣に接して、670年に没した著名な修道院長聖ヴァルベルトゥスの霊廟が建
てられたこと、その周りには7〜8世紀の修道士たちの石棺が並んで埋めら
れていることなどがわかった。リュクスイユの地名の由来からしても、コル
ンバヌスの修道院はケルト神の崇拝や初期キリスト教時代の聖マルティヌス
信仰を踏まえて発展したと考えられる。この歴史ある都市もゲルマン諸族や
アッティラ率いるフン族によって略奪されたが、考古学的遺跡はリュクスイ
ユがメロヴィング時代のフランス北東部の重要な宗教的・文化的中心地で
あったことを物語っている。コルンバヌスの目には、この宗教的・文化的要
地が新たな活動の場に最適であると映ったのであろう。
　聖コルンバヌス修道院は歴史的建造物の並ぶ区画の南部にあった。コルン
バヌスと彼の弟子たちはこの地で厳しい労働と瞑想を実践し、修道院学校を
創設して多くの修道士を養成した。彼らは日日、ここで祈り、研究、読書、
能書に励み、労働で汗を流し、人びとの教育や慈善活動、伝道に身を投じた

聖ペテロ・パウロ大聖堂前の聖コルンバヌス像

であろう。メロヴィング時代にはリュクスイユで育った修道士たちがガリア
各地に赴いて活躍している。

　今日の聖コルンバヌス修道院は17、18世紀に建てられた建造物である。こ
の建物は1815年以来、フランス王ルイ18世（位1814－1824）の命により中等
神学校となって保存された。修道院囲壁内は十分見学できなかったが、中庭
には1939年に造られたという聖コルンバヌス像が立ち、建物内部には装飾
が施されたサロンや階段、新ルネサンス様式の礼拝堂などが見られた。案内
書によれば、1823年にはおよそ280名の生徒がこの学校で学び、またおよそ
1400名の聖職者がここで修養したとある。今日もこの学校は聖職者養成機
関であり、私立の中等教育学校となっている。構内では生徒たちが集い遊ん
でいるのが見受けられた。

　修道院の北側に聖ペテロ・パウロ大聖堂が立っていた。この赤い煉瓦の建
物は13世紀初頭に着工されたベネディクト会修道院教会であり、1340年に
当時の院長ユード・ド・シャラントンの下で奉納された荘厳な歴史遺産であ
る（口絵III–14）。この建物には1527年に造られた鐘楼が聳えていた。また教
会の北側には、16〜18世紀に建てられ、フランス革命以来、今日まで市庁舎
になってきた旧修道院長宮殿があった。聖ペテロ・パウロ教会の入口前にも

聖ペテロ・パウロ大聖堂の回廊

1950年に建てられた聖コルンバヌスのブロンズ像が立っていた。

　聖ペテロ・パウロ教会の南端には15世紀に改築された、同じく赤い砂岩の美しい回廊があった。残念ながら、この回廊の一翼と小円柱の多くは失われていたが、案内書にはリュクスイユのベネディクト会修道院の「最後の中世的遺物」と説明されている。この空間を歩いていると神秘的で厳かな空気が漂っているように感じられた。

　コルンバヌスは同じ時期にリュクスイユ近郊のフォンテーヌにも新しく修道院を創設している。そうした事実は、当時、この聖人の評判が高まり修道志願者が多数集まったことを物語っている。しかし、彼は厳格なアイルランド修道制に固執してフランク宮廷やフランク教会との間に軋轢を生み、その結果610年には国外追放を命ぜられアルプスを越えてイタリアのランゴバルド王国に逃れた。そして、ランゴバルド王アギルルフ（位590−616）夫妻の保護を得てボビオの渓谷に修道院を建てて生涯を送っている。なお、このとき彼の弟子ガルスはボーデン湖畔のアルボンにとどまりザンクト・ガレン修道院を建てている（前著『ヨーロッパ史跡探訪』第Ⅸ章参照）。

　コルンバヌス後のリュクスイユに少しふれておくと、彼が去った後も、リュクスイユは直ちに衰えてはいない。それどころか7世紀の第2代修道院長エウスタシウスや第3代修道院長ヴァルベルトゥスの時代には求道や学問

研究などのために訪れる者が絶えず、ここで育った聖職者が各地の司教座に派遣され、また新設修道院の院長や修道士として配属された。学問的にも7世紀に始まる、アイルランドの装飾を取り入れたリュクスイユの写本は有名である。

　こののちリュクスイユの修道院は多くの災難を被り数奇な運命を辿った。8世紀にはイスラム教徒に略奪された。シャルルマーニュ治世になると再興され、このときコルンバヌスの戒律はベネディクトゥスの戒律に替わったが、9世紀になると幾度もノルマン人の襲撃を受けて破壊されている。近代になって、フランス革命期には修道士たちは追われ、修道院の建物は国有財産として売られ、私が見た一部のゴシック建築物や回廊などを除きほとんど消滅してしまったのである。

　アヌグレイとリュクスイユを歩いてみて、私はアイルランド修道士がガリア北東部の布教に果たした功績をあらためて新鮮な感覚で学ぶことができた。アヌグレイでは自然を崇敬するアイルランド修道士の精神を肌で感じ、リュクスイユでは立ち並ぶ歴史的建造物の背後にコルンバヌスが築いた宗教的繁栄の基盤を実感することができた。

　なお、この旅で私が出会った「聖コルンバヌス友の会」のダニエル・ディラン女史は、この聖人の事績として広く諸民族の平和と友好をもたらす「西欧の統合」を見据えていた。コルンバヌスの足跡はガリアの集落や都市を再編し西欧の交流網を築く契機を生み出したと見なされるのである。

6　エイダンのリンディスファーン修道院と
　　ウィットビーおよびダラム（イギリス 2016年4月）

　昨今、ヨーロッパはテロ事件や移民・難民問題などで騒然としており、旅も以前ほど安全とは言えなくなった。この春、私は大陸を離れてドーバー海峡の彼方のイギリスを訪れたが、この国も上記の諸問題を共有し、かつ EU からの離脱を問う国民投票（2016年6月）が迫っていて決して平穏な雰囲気ではなかった。そうした空気を肌で感じながら、今回はケルト・キリスト教布教のひとつの拠点となった北東イングランドを中心に巡った。ここではその沿岸沖に浮かぶリンディスファーン Lindisfarne 島や、ウィットビー Whitby およびダラム Durham を取り上げる。

（1）リンディスファーン修道院

　リンディスファーン島（別称ホーリー・アイランド）は、面積約5.2平方キロ、定住人口は現在、160人ほどの小さな島である。この島は、厳密に言えば、潮が満ちると完全な島となるが、干潮時にはトンボロ現象によりリンディスファーン・コーズウェイ Lindisfarne Causeway と呼ばれる約2キロほどの土手道（陸繋砂州）が現れて本土と繋がる「半島」となる。私は、この春、このコーズウェイを渡った。

　歴史上、リンディスファーン島が注目されだすのは7世紀の修道院創設以降のことである。"尊者"ベーダ（672頃−735）によれば、アングロ・サクソン七王国のひとつであるノーサンブリア王国のオスワルド王（位634−642）は、635年ごろスコット人の首長たちを介してアイオナ修道院出身の修道士エイダン Aidan（590頃−651）を招き、この島に司教座を置き修道院を創設させている。オスワルド王のエイダンの招請は、当時アイオナ修道院の評判がアングロ・サクソン族の侵入により混沌としていた北東イングランドにも及んでいたことを物語っている。これ以後、リンディスファーン島は巡礼者の訪れる信仰の島となったのである。

　エイダン没後のリンディスファーン修道院は数奇な経歴を辿る。ここでは、まず、その歴史を修道院に繁栄をもたらしたカスバート Cuthbert（635

−687）の時代を中心に見ておきたい。

　ケルト教会は、エイダン没後およそ13年経過した663（または664）年に開かれた有名なウィットビー教会会議により、北上してきたローマ教会の傘下に入った。リンディスファーン修道院も当然その影響を受けて指導者を失い衰退したが、同じくエイダンが創設したメルローズ修道院からカスバートが修道院長 prior として到来すると、この修道院は再び活性化してくる。カスバートは明るく社交的で思いやりのある性格であり、優れた手腕によって王の信頼や民衆の崇敬を博し修道院を繁栄に導いた。ノーサンブリア出身のカスバートは、修道士たちをアイルランドではなく大陸に向けさせようとするローマ教会に対して和解に努めつつも、他方で自ら厳しい修業生活を貫いてケルト的伝統を守っている。彼は40歳ごろにリンディスファーン島を離れ、他の島に移って約10年もの間、隠遁生活を送っている。

　カスバートは晩年には王および教会に請われて約2年間、リンディスファーンの司教として活動し（685−686年）、没後にはノーサンブリアの守護聖人に列せられている。この聖人が生涯の間に起こした数かずの奇跡が評判となり、リンディスファーン島は彼の聖遺物に触れるために多くの巡礼者が集う聖者信仰の島となったのである。

　しかし、8世紀末以降の度重なるヴァイキングの襲撃によって島の繁栄は影を落とし、ついに875年には修道士たちはカスバートの遺骸を担いで島を離れ、各地を彷徨した後、ダラムの地に落ち着いた。これ以後、リンディスファーン修道院は廃墟となったが、その後11世紀末（1093年）にベネディクト会修道院がこの島に設立されると再び巡礼地として栄えるようになった。しかし、それもヘンリー8世の修道院（小）解散令（1536年）によって閉鎖され再び廃墟となったのである。

　さて、私は4月中旬の早朝、この「聖なる島」を訪れるために宿泊していたニューカッスル・アポン・タインのホテルを出て、7時半過ぎ、正確には7時43分発の列車に乗り、8時30分過ぎにイングランド最北の都市ベリック・アポン・ツウィードの駅に到着した。ここはツウィード川の河口にある、リンディスファーン島に最も近い鉄道駅である。

　車や徒歩でリンディスファーン島に渡ることのできるのは日に2回の干潮

リンディスファーン・コーズウェイ

時である。前日にニューカッスル駅構内の案内所で調べておいた当日の安全なコーズウェイ・クロッシング・タイムは、午前 3 時50分〜午前11時45分と午後 4 時20分〜翌日 0 時10分であった。ベリック駅付近から島に向かうバスは出ているが、ニューカッスル駅の案内所で入手したガイドブックによれば、その本数は極めて少なく、それも季節によって異なる。夏季は 1 日 2 便あるが、それ以外の時期は毎月、運行日や時間が変わる不定期便である。天候に左右されるためであろう。

　ベリック駅には案内所は見当たらず、近くにいた鉄道員に、この日は何時にバスが運行されるのか、バス停はどこか、帰りもバスが利用できるかなどと尋ねたが、正しくは知ることができなかった。そこで結局、駅舎前にいたタクシーの運転手と交渉し、島内で 1 時間待つという条件で、そのタクシーを利用することにした。 1 時間の滞在はあまりに短いとは思ったが、当日は天候に恵まれず、また島内の状況も定かでなかったために、次の干潮時まで島に留まる勇気は湧かず、やむを得ない判断であった。

　タクシーは駅からツウィード川の河口付近に架かる大橋を渡り、15キロほど先にあるコーズウェイの本土側先端に着いた。この時間帯の天気はどんよりとした曇り空で風も強く、海は鉛色であったが、幸いにも雨は降らず、遠くにわずかながら青空も見えていた。先にも述べたが、コーズウェイは約 2 キロの行程である。土手道の両側にある岩や砂地には海水に強い苔類や雑草

129

が生え、窪地や車道の低い部分には海水が溜まっていた。私はその途上でタクシーを止め、この珍しい景観を眺め写真に撮って、およそ10分ほどでコーズウェイの島側先端に到着した。そして前方にある島南東部の集落に向かった。

　集落北部にある駐車場でタクシーを降りると、数百メートル先の南東部岩場にリンディスファーン城が立っているのが目に入った。暗い空、凸凹した黒っぽい岩や砂地、鉛色の海が広がる空間に立つ薄黒い古城はさながらアニメの世界に出てくる奇怪な城のようであった。この城は閉鎖された修道院の石材を利用して1549年に着工されたというテューダー朝時代の古城である。当日は風が強く時間にも追われていたので、この古城を訪れることはできなかった。

　集落の中心部に着くと、聖エイダン教会、リンディスファーン・ヘリテージ・センター、聖母マリア教会、リンディスファーン修道院の遺構などが固まるように並んで立っていた。そのうち、私はまず修道院の遺構を訪れた。その建造物の骨格はかなり残っており、土台、壁、円柱、穹窿の一部などを間近で見ることができた。それは度重なるヴァイキングの襲撃を経て11世紀末ごろに建造され、そののち13世紀になって再建されたベネディクト会修道院の遺構である。

　廃墟の周りには雑草が生い茂り、遺構の隙間越しに北海の波に洗われる荒涼とした風景が見えた（口絵Ⅲ-15）。そこには聖パトリキウス以来のケルト系修道院の伝統を受け継ぐ東方的な隠修士的精神が窺われた。そんな風景のなかにあって、ところどころに咲いていた白と黄の可憐な花は印象深く、私の心を和ませてくれた。タクシーの運転手が海水の残る曲がりくねった凸凹道を下りて海岸線まで案内してくれたが、干潮時の海辺の荒涼とした風景はこの島の厳しい生活環境を肌で感じさせるものであった。

　こうした厳しい自然環境のなかで修道士たちは修行に励んだのである。彼らの高い学問的水準はこの島で生まれた『リンディスファーン福音書』がよく物語っている。この福音書は、諸説があるが、8世紀の初め、おそらく715年ごろにマタイ、マルコ、ルカ、ヨハネの四書がラテン語で書かれた中世を代表する装飾写本である。それは渦巻、組紐、動物文様などを組み合わせた華麗なケルト様式の装飾で有名な『ケルズの書』や『ダロウの書』（ダ

エイダン像と聖母マリア教会

ブリン大学のトリニティ・カレッジ保管）と並ぶケルト三大装飾写本のひとつで
あり、ケルト様式にアングロ・サクソン様式が融和したイギリス特有の見事
な宗教芸術と言われる。

　なお、『リンディスファーン福音書』の余白部分には10世紀末ごろの古英
語の翻訳が加筆されている。そのため、この写本は「最初の英語版福音書」
とも言われる。原本はヘンリー8世時代にダラムから持ち出され、今日はロ
ンドンの大英博物館に保管されており、ダラム大聖堂にはその複写版しかな
い。幸いにも、私はかつて大英博物館でその原本を見る機会があったが、こ
の春はそれが制作された現場に立つことができて、この装飾写本の素晴らし
さが真にわかったように思われた。

　修道院遺構の西北側に聖母マリア教会があり、その前の広場にはケルト十
字架を背にしたエイダンの像が立っていた。この教会はエイダンが建てた木
造教会、さらには再建された初期サクソン時代の教会の跡地に立つ、今日も
島民や巡礼者のための教区教会として機能している“生きた教会”である。

　エイダン像を見ながら教会内部に入ると、身廊の奥にステンドグラスから
差し込む光を通して祭壇がくっきりと見えた。時間が早いせいもあって教会
内には誰もいなかった。祭壇には2本の蝋燭のほかは何も置かれておらず、
祭壇下には花が添えられ、その前には美しい模様のカーペットが敷かれてい
た（口絵Ⅲ-16）。このカーペットはこの地域の婦人が『リンディスファーン

カスバートの遺骸を担ぐ修道士像

福音書』から採ったデザインで織ったものである。同様の模様のカーペット
はもう１枚、「漁師の礼拝堂」の前にも敷かれていた。

　祭壇奥の衝立 Reredos には、聖母マリアと使徒ヨハネを足元に伴ったキリ
ストの磔刑像を中央にして、両側にエイダン、カスバート、ウィルフリッ
ド、コルンバ、オスワルド、ベーダなど、この島や地域と密接な関係にあっ
た聖人たちが描かれていた。この衝立を見て、私は今日もなおこの島にはケ
ルト教会の伝統的精神が潜在的に受け継がれていると感じた。

　ただし、ウィルフリッド（634−709）については違和感を覚えた。彼はノー
サンブリア出身のリポンの修道院長（のちのヨーク司教）であり、648年には
リンディスファーン島も訪れているが、ウィットビーの教会会議ではローマ
教会の立場を擁護した親ローマ派の中心人物であった。それゆえ、私はこの
衝立を見て、この地方の人びとは、今日一般的に理解されているほどウィッ
トビー教会会議の討議を対立的に捉えてこなかったのではないかと思った。
この衝立を見る限りでは、そこに「深い溝」は感じられなかった。元来、ケ
ルト・キリスト教は土着のドルイド信仰を受容し融合した伝統をもつ。この
点を考慮すると、当該地方ではウィルフリッドは敵対者ではなく、むしろ将
来のアングロ・サクソン教会を方向づけた重要な教会人として受け容れられ
ているように映った。

　教会入口付近の空間では、棺を担ぐ6人の修道士の像が目にとまった。薄暗い教会のなかでやや気味悪くも感じたが、パンフレットを読むと、ヴァイキングの来襲期にカスバートの聖遺骸を担いで旅に出る修道士たちの彫像であることがわかった。この写実的な彫像を見て、私は一瞬、その貴重な歴史的場面に居合わせているような錯覚に陥った。

　集落北部にある聖エイダン教会とリンディスファーン・ヘリテージ・センターは時間が早すぎて入ることができなかった。とくに島の生活やヴァイキングの来襲期の展示物があるというセンターは見学したかったが残念であった。島の施設の従業員は多くが本土から来る通勤者のようであった。近くの売店には開店の準備をしているふたりの婦人がいて、日本人が珍しかったのか、親切に島の様子をいろいろ話してくれた。この島で会話をしたのはタクシーの運転手と彼女たちだけであった。

　午前10時ごろに島の集落を離れ、コーズウェイの途中でまたタクシーを止めて風景を眺め、10時30分過ぎにベリック駅に戻った。短い滞在時間ではあったが、いつ天候が変わり海が荒れるかわからず、ともかく「聖なる島」に渡り、その自然環境にふれることができたこと、何よりもこの島にはなお聖コルンバや聖エイダンに遡るケルト・キリスト教の伝統的精神や信仰が息づいていることを学んで満足している。

（2）ウィットビー

　リンディスファーン島に渡る前日のことであるが、私はこの島と深く関わりのあるイングランド北東部の他のふたつの聖地を訪れた。そのひとつがウィットビーの修道院、正確にはその廃墟であり、もうひとつはダラムの大聖堂である。

　ウィットビーの修道院は657年にノーザンブリア王女ヒルダが創設した、当時はリンディスファーン修道院と並ぶ代表的なケルト系修道院であった。この修道院は663（664）年にウィットビー教会会議が開かれたことでよく知られている。

　ブリテン島ではキリスト教伝播のふたつの流れ、つまり北から南下してきたケルト・キリスト教と南から北上してきたローマ・キリスト教がイングランドの東海岸で出会った。歴史上、孤立的状況下にあったケルト系教会は生

丘上のウィットビー聖堂遺構

活習慣などでローマ教会とは異なっており、そのためノーサンブリア王オス
ウィ（位642−670）がウィットビーに教会会議を招集し、修道士の剃髪や復
活祭の日付算定などを巡って論争がなされ、結局ローマの習わしや規則の採
択が決定されている。

　まず、私は早朝、ニューカッスルを電車で発ち、ミドルスバラでエクス
ヴァレー鉄道に乗り換えて10時過ぎにウィットビーに到着した。乗車時間
は約3時間30分と長かったが、ミドルスバラからウィットビーまでの起伏
に富んだ原野は沢山の羊が放牧され、牛馬もおり、時折、野ウサギが走り雉
に似た野鳥が飛び立つといった、イギリスの「原風景」を見るようなのどか
な景観であり、楽しく退屈することはなかった。その景観はウィットビー修
道院が東方的な隠修士的精神を受け継ぐ、人里離れた荒野の先にあることを
予感させるものであった。
　到着したウィットビーの町はイングランド東海岸の岩壁を貫くエスク川の
河口に立地していた。西岸丘陵のスロープ上には比較的新しい居住地が広が
り、東岸丘陵地帯には古い居住地があった。その東岸丘陵の頂には市街や海
を見下ろすようにウィットビー修道院の遺構があり、近くに聖母マリア教会
が立っていた。
　修道院の遺構に通じる徒歩の道は急傾斜の階段坂道であった。そのため私

は近くにいたタクシーを利用することにした。タクシーは蛇行した道をゆっくり登り、20分ほどで遺構にアクセスするビジター・センターに到着した。そこで入場券を購入して丘の頂にある遺構に向かったが、近づくにつれてその「偉容」に圧倒された。16世紀のヘンリー8世時代に解散させられたものの、この修道院の骨格は大きくは破壊されてはおらず、往時の繁栄ぶりを偲ばせる“立派な”遺構であった。この建造物は1220年ごろに起工されたゴシック様式の建物である。もちろん、天井はなく青空が広がっていた。北海から吹き付ける強い風が外壁部分を侵食していた。風食である。しかし、身廊の回りには彫刻や文様の残る立派な石柱が立ち並び、また壁面上部に並ぶ楕円の空間は煌めくステンドグラスを連想させるスペースであった。

　北海に面した断崖上から見下ろす眺めは絶景であった。聖母マリア教会の前には多数の墓石が立ち、崖下には港町が広がり、北海の波が打ち寄せる岸壁が遠景に展望できた（口絵Ⅲ-17, Ⅲ-18）。この景観は私には“息を呑む”ほど美しく感じられた。やはりウィットビー修道院は、そのルーツが荒野や孤島、砂漠のなかで生まれた東方的修道制の精神を受け継いだケルト系修道院であったと実感した。

　なお、ここは18世紀にキャプテン・クック（1728−1779）がエンデバー号で太平洋に向けて出帆した港町である。エスク川東岸にはその記念博物館があり、西岸には記念碑が立っていた。

(3) ダラム

　もうひとつの訪問地ダラムは、995年に小さな教会が建てられてリンディスファーン島から持ち出された聖カスバートの遺骸が祀られ、その後1093〜1133年には大聖堂が建立されて多くの巡礼者が集まる聖地となったところである。ここは19世紀までプリンス・ビショップと称するイギリス国教会の司教が領主として支配してきたことでも知られている。

　ウィットビーからニューカッスルへの帰路、私はダーリントンで乗り換えてダラムに向かった。ダーリントン駅を出ると間もなく右前方の丘陵上に壮大なダラム大聖堂が見えてきた。地図を見ると、高台にあるダラム駅から大聖堂までは目算で1.5キロほどの距離である。しかし、大聖堂は蛇行して流れるウエアー川を挟んで駅舎と反対側の丘陵上に立っており、アップ・ダウ

ダラム大聖堂

ンがきつく、時間にも追われていたために、ここでもタクシーを利用することにした。

　タクシーはウエアー川に向かって屈折した坂道を下り、橋を渡って市街の石畳の道路を上り、ダラム司教の居城であったダラム城——現在は1832年創立のダラム大学——の脇を通って大聖堂の南側に到着した。

　タクシーを降りると、目の前にノルマン様式の壮大な大聖堂が聳えていた。その南側入口から回廊を越え、身廊を東側に進むと最奥部に大祭壇があり、その後方には大理石にラテン語で Cuthbertus と刻まれた聖カスバートの墓碑があった。大聖堂のパンフレットによれば、中世にはこの地点に大理石と宝石からなる立派な聖廟があり、多くの巡礼者が聖人を祝福し奇跡を求めてここを訪れていた。その聖廟は宗教改革によって破壊され、以後、ここには先に述べた大理石の墓碑のみが残って聖人の墓所を示しているにすぎないが、しかし今日でも多くの信者が訪れるという。

　それより奥は13世紀に追加されたゴシック様式の建物であった。そこには「9つの祭壇の礼拝堂」があり、その前面および上部にはエイダン、カスバート、ベーダの教えを描くパネルがあった。それらは新しく、20世紀末に信者会から寄贈されたものであるが、ここはノーサンブリアへ伝播したケルト・キリスト教を祝福する人びとの心が根付き、今日に至るまで受け継が

れていると実感できる場所であった。

　大聖堂の西ファサード側である身廊西端には12世紀に建てられたという聖カスバートおよびオスワルド王の肖像のあるガリラヤ礼拝堂があり、その南東側には聖ベーダの廟があった。また、大聖堂と南側で隣接する修道院の南西角には、聖カスバートの棺や十字架のほか多数の遺品や写本がある聖カスバート宝物展示室もあった。ここでも私は、ダラムはリンディスファーン修道院を受け継いだケルト系教会の中心地であることを実感した。

　ウィットビーの会議後、一般にケルト教会はローマ教会の前に敗退したかのように捉えられがちであるが、私は今回、実際にリンディスファーン島やウィットビーおよびダラムを訪れて、エイダン以来のアイルランド系修道士たちの宗教的・文化的活躍がベーダの時代を経てイングランド北東海岸部にケルト的修道精神を根付かせ、それが今日まで息づいているように感じた。ケルト・キリスト教はドルイド信仰を受け容れて成立した柔軟な体質をもつ。しかもウィットビーで「統一」されたものは、むしろ表層的あるいは形式的な習慣や規則に関わるものであった。それゆえ、この会議によって、当該地方がその精神風土まで切り崩されてしまうほど強力なローマの圧力を受けたとは考え難い。これは現地に立って抱いた私の率直な感想である。

7 エヒタナッハの聖ウィリブロード教会

（ルクセンブルク・オランダ 2011年8月）

　ベルギー、フランス、ドイツに囲まれたルクセンブルク大公国は、面積約2600平方キロ、人口約50万人という小国である。人びとはルクセンブルク語を母国語とし、地域にもよるがフランス語とドイツ語を話す。この夏、私はこの深い渓谷と緑の森に包まれた西欧の小国を訪れた。

　私がルクセンブルクを訪れたのは、ドイツ国境に近いエヒタナッハEchiternach に立つ聖ウィリブロード教会（今日のバシリカ聖堂）に関心があったからである。エヒタナッハは首都ルクセンブルク市から北東方向へ約40キロ離れた、スュール川沿いの森深い丘陵地帯にある人口約5200人の小さな町である。しかし、その歴史は古く、すでにローマ時代から集落が存在し、7世紀末に到来したアングロ・サクソン人の宣教師ウィリブロードWillibrord (658頃－739) が8世紀初めごろ、この地にベネディクト会修道院を創設して以来、その名が広くヨーロッパに知れ渡るようになった由緒ある町である。その創設はフランク王国の第2王朝を開くことになるカロリング家の宮宰ピピン2世 (位679頃－714)、正確には彼の義母イルミナや妻プレクトルドからエヒタナッハの所領を譲り受けて実現している。この史実はウィリブロードとカロリング家が当初より親密な関係にあったことを物語っている。

　ウィリブロードはオランダのフリースラント地方の布教に努めた功績により、今日「フリジア人の使徒」と称される。彼は658年ごろにノーサンブリアのおそらくヨーク近郊に生まれ、ウィットビー教会会議でローマ教会の立場を擁護したウィルフリッド院長下のリポン修道院で教育を受けた後、20歳のころに修道院文化が隆盛であったアイルランドに渡り、同じくノーサンブリア出身でアイルランド南東部のラス・メルシギ修道院にいた高名なエグベルト Egbert (639－729) の下でおよそ13年間、厳格な規律を学び聖職者に叙階された。そして690年ごろには仲間の修道士たちとともに海を渡り、フリースラント地方の布教活動に旅立っている。

　見逃されがちであるが、フリースラント布教はウィリブロードが最初ではなかった。この地方の布教活動はすでに彼の師であるウィルフリッドやエグ

138

ベルトによって試みられている。彼らの活動はいずれも失敗しているが、そうした試みは当時、この地方のキリスト教化が重視されていたことを物語っている。このいわば伝統的な布教活動には宗教的動機、すなわち民族移動期に故郷に残ったサクソン族や隣接諸族に信仰の光をもたらそうとする血族意識、さらにはキリストのために故国を離れて流浪し異教の地に入植するといった熱い宣教思想が働いていたであろう。

しかし、それと同時に、この布教活動には商業的に重要なライン川の河口地域一帯を異教徒から解放しようとする経済的動機も作用していたと考えられる。この点は大陸側のフランク王国の政治的思惑と連動して考える必要がある。当時、この河口地域一帯とドーバー海峡の彼方、とくにその北海沿岸とは交易上、深く結びついていた。カロリング家はこの商業的に重要なライン川の河口地域を異教徒フリジア人から奪い平定しておく必要があった。宮宰ピピン2世は頑強に抵抗する異教徒フリジア人を軍事力による制圧のみならずキリスト教化することによって、この交易上の重要な拠点を永続的に支配しようとしたのである。

実際、ウィリブロードとカロリング家との間には親密な結びつきが認められる。彼はガリアに到来するやピピンの宮廷に迎えられ、修道院創設のための土地の寄進を受け、フランクの軍事支援の下で布教活動を進めている。こうした史実はピピンと布教団を組織したエグベルトとの間に派遣を巡る事前の交渉があったことを裏付けている。

その経歴を考慮すれば、ウィリブロードはある意味でアイルランド修道士でもあったように映る。彼はイングランドのノーサンブリアに生まれ、ローマ派のウィルフリッド院長下のリポン修道院で教育されているが、積極的にはローマと接触しようとしていない。フリースラント入植後、ウィリブロードはたしかに692年ごろ、ついで695年にローマを訪れている。そしてこの時には教皇セルギウス1世（位687－701）からフリジア人の大司教に叙任され、この機会に肩衣パリウム pallium と "クレメンス" Clemens（慈悲深い人）の名前を下賜されてユトレヒトの初代司教となっている※。しかし、ウィリブロードのローマ接近は必ずしも本人の意思に基づくものではなかった。彼はボニファティウス（後述）とは異なり、教皇から賜った名前 "クレメンス"

をほとんど用いず、またボニファティウスほど緊密にローマと接触していない。この辺りに彼のケルト的な独自的体質が透けて見える。ウィリブロードの2度のローマ訪問は、その背後にカロリング家の将来を見据えたピピン2世の政治的思惑が強く働いていたと考えられる。

　カロリング家と結びついたウィリブロードの布教活動は決して順風ではなかった。とくに宮宰ピピン2世没後の715〜719年ごろはフリースラント地方からフランク支配権が後退し、ラボラド公を中心とする異教徒フリジア人の反抗にあって困難を極め、布教活動はピピン2世の庶子であり宮宰となったカール・マルテル（位714−741）によるフランク支配権の回復を待たねばならなかった。フリースラントから離れた奥地のエヒタナッハが布教の拠点になったのは、こうした事情も作用したと考えられる。

　さて、8月下旬、私はウィリブロードの布教の拠点となったエヒタナッハを訪れた。エヒタナッハを訪れる公共交通機関はバスしかない。そのため私は、午前9時ごろにルクセンブルク中央駅から発車するバスに乗って目的地に向かった。バスは歴史的建造物が立ち並ぶ首都の中心街を通り、ウィリブロード時代は森林で覆われていたと思われる丘陵上の美しい道路を通り抜けて、およそ50分で目的地に到着した。バスを降り立ったとき、眼前には、古くて伝統ある集落ではなく、新しくて美しい街並みが現われた。その光景はエヒタナッハがその長い歴史のなかで多くの災禍に遭遇したことを物語るものであった。

　バス停から北東方向に向かって歩き、巡礼者や観光客のための土産物店や飲食店が並ぶ緩やかな坂道を通り抜けると、まもなくバシリカ聖堂と北側廊で隣接する修道院建造物の前の広場に出た。そこに立ち並ぶ建物群を前にして、私は案内書を読みながら、それらが辿った歴史に思いを馳せた。

　エヒタナッハの教会および修道院は8世紀初頭ごろにウィリブロード自身によって創建されたが、カロリング家の庇護の下でまもなく大規模なものに建て替えられ、シャルルマーニュ時代には修道院は帝国修道院の地位に格上げされている。この時期になって、彼の苦労が実ってきたのである。その後、1016年の火災により、それらの建造物は壊滅状態になったが、15年後

エヒタナッハのバシリカ聖堂に向かう参道

にはロマネスク様式の立派な建物が再建され、エヒタナッハ修道院文化は隆
盛期を迎えている。今日、ニュルンベルクのドイツ国立ゲルマン博物館に
所蔵されている「黄金の福音書」は、私も実物を見る機会があったが、こ
のころエヒタナッハの文書室で制作された素晴らしい彩飾写本である（口絵
Ⅲ-19）。

　しかし、近代に入ると、エヒタナッハは大きな災禍に見舞われた。まず、
フランス革命期にはフランス軍の侵入により壊滅的打撃を受けた。このとき
修道院はすべての所有物が競売にかけられ、その施設は製陶所や軍事訓練場
にかわって修道生活は終止符が打たれた。その後、聖ウィリブロード教会再
建協会の尽力により1868年に教会が奉納され、1906年になるとウィリブロー
ドの聖遺骸が古い教区教会から本来の墓所に移された。そして、1939年に
はローマ教皇から特権が与えられてバシリカ聖堂に格上げされている。

　ついでエヒタナッハは第2次世界大戦時に大災禍を被った。1944年のド
イツ軍の爆撃によりこの町はほとんど焦土と化し、過去の図面に基づいて街
並みが復興されたのは大戦後数年を経てからであった。当然、この爆撃によ
り聖堂も内陣と地下聖堂を除いて壊滅した。新しい聖堂が再建され奉納され
たのは1953年9月のことであり、その後この建物は聖人没後1250年を記念
して1988年に修築されている。

エヒタナッハのバシリカ聖堂

　私が見たバシリカ聖堂はこうした経緯を経て建築された新しい建造物で
あった。その外観は西正面に２層の２対窓で飾られたピラミッド型屋根をも
つ２本の尖塔、東部翼廊部に１層の２対窓で飾られたやや小振りの２本の尖
塔が聳え、西正面の中央入口上部はバラ窓を配した均整のとれたロマネスク
風建造物であった。
　西正面から聖堂内部に入り身廊を通って聖歌隊席に上る階段手前まで来る
と、両横にふたつの大きな彫像が並んで立っていた。向かって左が聖ベネ
ディクトゥス像、右が聖ウィリブロード像であった。それらは1700年ごろ
にオーク材で作られたという見事なものであったが、制作者は不祥のようで
ある。祭壇横を通り抜けて奥まった空間に入ると、初老の聖堂関係者が道具
類を整理していた。彼は私に入室禁止を伝えたが、訪問理由を尋ねて地下聖
堂を案内してくれた。
　地下聖堂はおそらくカロリング時代の教会の一部を構成していたものであ
る。内陣にはウィリブロード廟があった。そこには1906年に造られた白い
カララ大理石製の新ゴシック風石棺が置かれていた（口絵Ⅲ-20）。その内部
にはメロヴィング朝時代の石棺に納められた聖人の遺骸が安置されていると
いう。739年にウィリブロードが没したとき、その亡骸は彼自身が建てた最
初の教会に埋葬された。この教会の遺構は1949年の発掘で現聖堂の身廊下

聖ベネディクトゥス像　　　　　　　　　　聖ウィリブロード像

で発見されている。それゆえ、この霊廟は739年に聖人が埋葬された場所と
ほぼ同じ地点にあると考えられる。

　地下内陣の右隣り下方には、鉄柵越しに「聖ウィリブロードの泉」と呼
ばれる黒ずんだ石製水槽が強固な囲壁に守られて置かれていた（口絵Ⅲ-21）。
これはこの聖人が異教徒たちを洗礼したときに用いた洗礼槽とされる。その
前に立って、先述の聖堂関係者はウィリブロードや第2次世界大戦時の災禍
について熱っぽく説明してくれた。この人の話を聞きながら、その洗礼槽を
見詰めていると、およそ1300年前のウィリブロードの洗礼場面が眼前に浮
かび、彼の熱意や労苦が伝わってくるようであった。この洗礼槽は私がエヒ
タナッハで見た最も印象に残った遺物である。

　この聖堂関係者は旧修道院の建物内に美術館があると教えてくれた。その
美術館は聖堂を出て一段低い土地に立つ宮殿風建物の一階にあり、入口付近
の受付では80歳過ぎと思われる婦人が応対してくれた。館内には参観者は誰
もおらず静寂な空気が漂っていたが、さまざまな展示物があり、そのなかに
は「黄金の福音書」その他の見事な写本挿絵が陳列されていた。残念ながら、
それらはすべて複製品であったが、いずれも今日の高い技術を駆使して作ら
れており、当時のエヒタナッハ文書室の傑出した芸術水準を示してくれるも

のであった。私はその美しさに魅せられてしばらくその場に立ち尽くした。

　帰途、私は参道沿いのレストランに立ち寄り、テラスで聖堂や美術館で入手した資料を整理しながら訪問の余韻に浸った。地下聖堂では長い時空を超えてウィリブロードの困難な布教活動にふれた思いがした。美術館では隆盛期のエヒタナッハ文書室の高い文化水準に接することができた。また資料を通して、ウィリブロードが聖職者養成のみならず、司教補や西暦による日付記入の導入などを実践していることも知った。

　それ以上に、ここを訪れて私は、ウィリブロードが当時のノーサンブリアと大陸のフランク王国を文化的に繋ぐ端緒を開いた人物であると思った。次世代のノーサンブリア出身の“尊者”ベーダはジャロー修道院で著作活動に専念し、全欧を知的にリードした著名な学者であり、ウィリブロードの晩年に生まれて『ウィリブロード伝』を著したヨーク出身のアルクイン（735−804）は、シャルルマーニュに招聘されてアーヘンの宮廷でカロリング・ルネサンスへの道を開いた。中世ヨーロッパの文化発展を考える上で、このノーサンブリア人の系譜は興味深いものがある。

　ただし、こうしたノーサンブリアとフランク王国との学問的・文化的絆は、もっと広い視野のなかで考える必要があろう。この絆は突然現れてきた現象ではない。地図を見ても、このふたつの地域は近い。われわれは海を挟んだ両地方を切り離して考えがちであるが、イギリス東岸と低地地方との結びつきは当時、海を介して存在していた北海沿岸の人や物の交流圏、北海沿岸文化圏とでも呼ぶべき空間のなかで理解すべきものであると考える。

　　※この旅で、私は、ウィリブロードが最初の司教に叙任され、エヒタナッハとともに布教活動の拠点となったオランダのユトレヒトも訪れた。今日の旧市街は人の往来が驚くほど多く混雑していたが、その中心には聖マルティヌス大聖堂、いわゆるドーム教会が立っていた。この大聖堂は7世紀末ごろウィリブロードがトゥールのマルティヌスを祀って建てた礼拝堂の跡地に立っており、中世には一本の高いドーム塔（112メートル）が聳えるユトレヒト特有のゴシック大聖堂に発展したが、1580年にプロテスタント教会となり、1674年には嵐で建物の身廊部が破損されて、今日まで修復されず聖堂と塔が切り離された状態で立つ珍しい建物であった。

大聖堂についで、私はユトレヒト
市内にある聖ウィリブロード教会を
訪ねた。この教会はドーム教会の近
くにあったが、周囲が複雑でわかり
にくく、多くの人びとに尋ねてやっ
と辿り着いた。その建物は新しく19
世紀後半に建てられたユトレヒトの
新ゴシック様式の教会であり、今日
ではユトレヒト教区から離れ、ウィ
リブロード財団が所有するカトリッ
ク教会となっている。外観は飾り気

ユトレヒトの聖ウイリブロード教会

のない建物であったが、内部は色彩豊かな美しい空間であった（口絵Ⅲ-22）。
この教会は1977年にオランダの国家遺産に指定され、今日ではユトレヒトの「隠
れた宝物」とも称されているという。訪れる人は少なく、教会内には信者風の
年配者が数人いただけであったが、この教会を訪ねて、私はユトレヒトにはウィ
リブロードの記憶が今日まで脈みゃくと受け継がれていると感じた。

8　フリッツラーの聖ボニファティウス教会と
　　ビュラブルク（ドイツ 2015年5月）

　5月下旬の朝、私は中部国際空港を発ち、ヘルシンキ経由で同日夕刻には
デンマークの首都コペンハーゲンに到着した。コペンハーゲンを訪れるのは
今回が初めてであった。翌日は終日、コペンハーゲンに滞在し、中世的雰
囲気の漂うストロイエ地区や、かつては世界中の船乗りが集まったという
ニューハウン界隈、人魚姫の像や星型の砦カステレットなどで有名なチャー
チル公園などを散策して市内観光を楽しんだ。

　その翌日には列車でコペンハーゲンを発ちドイツのハンブルクに向かっ
た。コペンハーゲンはエーア海峡を挟んでスウェーデンと近接するシェラン
島上にある。そのため列車はシェラン島の南に浮かぶ島じまを橋梁で渡り、
フェーマルン海峡ではフェリーで運ばれて、約5時間後にハンブルクに到着
した。フェリー内では乗客は列車から降りて船内を自由に移動できた。お蔭
で私はフェリー上階の窓から美しく輝くキール湾やメクレンブルク湾の景観
を眺め楽しむことができた。そしてその翌朝には列車でハンブルクを発ち、
メルヘン街道上のカッセルに到着して、「水の芸術」と称されるカスカーデ
ン（多段滝）や旧市街地区、グリム兄弟博物館などを見学することもできた。

　さて、カッセル到着の翌朝、私は目的地のフリッツラーFritzlar に向かっ
た。フリッツラーはカッセルから南へ約25キロ離れた北ヘッセン山地にあ
る、現在、人口約1万4600人ほどの小都市であり、鉄道は存在するが運行
されておらず、カッセルからの公共交通機関はバスしかなかった。そのため
前日にフリッツラー行きのバス停や時刻を調べておき、朝7時30分にカッ
セル・ヴィルヘルムスヘーエの発着場を発つバスに乗り、およそ1時間か
かってフリッツラーに到着した。

　私がフリッツラーを訪ねたのは、アングロ・サクソン人の修道士ウィンフ
リッド Winfrid（672/5−754）（のちのボニファティウス）が723年に到来して以
来、ここがドイツ中部および北部のキリスト教化の拠点となった由緒ある地
であったからである。ウィンフリッドはイングランド南西部にあったウェ

ローゼン・トゥーム

セックス王国のデボン地方の出身であり、エクセター、ついでナースリング
のベネディクト会修道院で修養し、そののち大陸に渡ってローマ教皇グレゴ
リウス 2 世（位715-731）から "ボニファティウス" Bonifatius（「善をなす人」）
の名称を授けられた有名な宣教師である。
　これまでに私はボニファティウスの縁の地であるマインツやフルダを訪れ
ているが、それらに先立ってゲルマニア伝道の端緒を開いたフリッツラーを
訪ねていないのが心残りとなっていた（前著『ヨーロッパ史跡探訪』第Ⅹ章参照）。
この都市は、また、919年以来、多くの諸侯会議や教会会議が開かれ、幾多
のドイツ王や神聖ローマ皇帝が滞在した歴史上重要な都市でもあり、是非と
も訪れてみたい都市であった。

　バスはフリッツラー旧市街の外側にあるターミナルに到着した。旧市街を
囲っていた市壁や市門はその多くが壊され、市壁前にあった壕も埋められて
いたが、一部の市壁と戦略上重要な地点に設けられていた見張り塔はいくつ
か残されていた。バスターミナル近くにも市壁とローゼン・トゥームと呼ば
れる尖った赤い屋根の塔が立っていた。観光センターで入手した案内書によ
れば、残されている10基の見張り塔のうち、最も高い塔は市の西部に立つ
グラウアー・トゥーム（灰色の塔）である。この塔は高さ37メートルもある、

ドイツに現存する最も高い見張り塔であり牢獄であった建物である。こうした防衛施設を見て、その名称が「平和の街」Friedeslar に由来するというこの都市も、実際には高度な防備を必要とした軍事都市であったことがわかった。フリッツラーは中世初期にはフランク・ザクセン両族の勢力が拮抗する地域に位置し、近代に至るまで錯綜する聖俗両権力の領土紛争が繰り返されて、包囲や占領、焼き討ちなどによる厳しい試練に耐えてきた都市である。

　カッセルのバス発着場からフリッツラーまでの道中、初老のドイツ婦人にたいへん世話になった。この婦人はドイツ語以外はまったく話さず意思の疎通に困ったが、そんなことはお構いなくいろいろと説明してくれた。バスを降りた後も、彼女は私が訪問しようとしていたフリッツラーの大聖堂まで案内してくれた。今回の旅では、この婦人以外のドイツ人にもいろいろと世話になった。気さくで親切なドイツ人の国民性にあらためて親しみを覚えた旅であった。
　この婦人の案内で、私は中世風の美しい木組みの家が立ち並ぶ旧市街を見ながらドーム、正しくは聖ペトリ・ドームと呼ばれるフリッツラーの司教座聖堂の前に着いた。伝承では、このドームの立つ地点は、724年にボニファティウスが前年に切り倒した異教徒たちの「神木」ドナーアイヒェ Donareiche を利用して教会（礼拝堂）を建てた場所とされる。
　この伝承はウィリバルドの『聖ボニファティウス伝』に基づいている。それによれば、723年にボニファティウスは、現在はフリッツラーの一部となっている旧ガイスマー（ル）村に到来し、当時フランク族の要塞集落があった小高い丘ビュラブルク Büraburg を布教の拠点とした。そして彼とその仲間たちはゲルマン人の偶像神に対するキリスト教の神の優越性を示すために、この地方に住んでいたカッティ族の聖なるオークの樹を切り倒した。このときカッティ族は雷神トールが閃光によって彼らをなぎ倒すと信じていたが、それが起こらなかったのを見て受洗に応じたという。
　ボニファティウスは、すでにそれ以前、716年にも大陸伝道を志してイングランドから海を渡りフリースラントに到来している。この布教活動は失敗に終わり、これ以後、彼は没するまでその失敗が心に残ることになる※。この布教活動の2年後に、彼はローマを訪れ、719年にローマ教皇から"ボニ

ファティウス"の名を授けられた。
そしてさらに722年にもローマを訪
れてゲルマニア地方の司教に叙任さ
れ、アイルランド修道士と異なり、
ローマと親密な関係を築いて伝道と
教会整備の任を委ねられている。

フリッツラーの聖ペトリ・ドーム

　なお、彼はこれ以後"ボニファ
ティウス"の称号を用いつづける。
この点は同じくローマ教皇から"ク
レメンス"の名を授けられながら
も、その名称を用いなかったウィリ
ブロードとは対照的である。それは
ボニファティウスがカンタベリーに
近いイングランド南部のベネディク
ト会修道院の出身であったからであ
ろうか。

　ボニファティウスがフリッツラーを訪れたのは、この司教叙任の直後のこ
とであった。こうした経緯からしても、「神木」切倒の逸話が「ゲルマン人の
キリスト教化の始まり」として語り継がれてきたのは納得できるし、この修
道士のフリッツラー到来がゲルマニア地方のキリスト教布教史上画期的な出
来事であり、彼が「ドイツ人の使徒」と称されるようになったのも頷けよう。

　ボニファティウスが724年ごろ、この地に創設したベネディクト会修道院
は、初代修道院長ウィグベルト（670頃－747）の下で発展し、782年にシャル
ルマーニュによって帝国修道院に格上げされた由緒ある修道院である。フル
ダに修道院を創設したボニファティウスの弟子ストゥルミウスもその修道院
学校で学んでいる。この修道院は、19世紀初頭に廃止されて現存しないが、
それがフリッツラーの宗教的、知的、商業的中心地としてその発展に大きく
貢献したことは疑いなかろう。

　大聖堂の西ファサード前の広場には聖ボニファティウスの彫像が立ってい
た。その像は伝承内容をそのまま表現していた。この聖人は大きなオークの

切り株の上に粗末な着物を纏って裸足で立ち、左手に斧を握り、右手は崩れた神殿の柱を思わせる円柱の上に掲げて模型の教会を支え持っていた（口絵Ⅲ-23）。

　ここで先述の婦人と別れて大聖堂を見学した。この建物は11世紀末から12世紀初めにかけて建てられた小教会が12〜14世紀に改築されて出来上がったロマネスク・ゴシック両様式からなる大聖堂である。

　ファサードの外観は簡素であったが、入口部分は広場に突き出た黒い屋根の「玄関の間」を構成し、入口を挟んで左側には半楕円の2対窓が並び、右には小ぶりの半楕円窓がひとつあった。そして「玄関の間」の奥には2層の半楕円2対窓で飾られた、黒いピラミッド型屋根をもつ2本の尖塔が聳え、それらの尖塔を繋ぐ中央下部には6つの半楕円窓がふたつずつセットで並んでいた。聖堂の回廊や側面の礼拝堂は14世紀以降に建造されたもののようであるが、全体的にはロマネスク・ゴシック両要素を基本とする調和のとれた構造物であった。こうした教会建築はドイツ地方には珍しい。フリッツラーにはロマネスク・ゴシック両様式の移行期に建てられた貴重な建造物が残されているという印象を受けた。

　ボニファティウス像を背にして「玄関の間」をくぐり聖堂内部に入ったが、午前の早い時間帯であり、かつ地理的にも今日では観光客があまり訪れない地域であるために、内部はひっそりとして薄暗く誰ひとりとして見かけなかった。中央身廊から内陣に進むとロマネスク風の見事な「勝利の十字架」があるのが目を引いた。

　キリスト像のある祭壇や袖廊の壁画を見学した後、初代修道院長ウィグベルトの墓があるという、聖堂内部でも最も古い部分の地下祭壇に行こうとしたが、修復中のために階段が柵止めされており下りることはできなかった。南出口の扉を開けて出ると通路があり、その先に小さな博物館があった。その入口にある事務室に立ち寄ると、そこにいたふたりの女性事務員が、朝早いせいか、私を見てやや驚いた様子を見せた。博物館には聖堂関係の宝物が展示されているとのことであったが、これも開館時間のせいで見学できなかった。そのため大聖堂やボニファティウスの遺骨箱などの写真が載っている小冊子や絵葉書を買って外へ出た。

ビュラブルクの頂から見た景観

　大聖堂を出て近くのカフェテリアで休憩した後、旧市街見学に先だって、フリッツラーの南方を流れるエーダー川（フルダ川の支流）の右岸にあるビュラブルクの丘を訪れることにした。ビュラブルクは7〜8世紀にはフランク族の要塞集落があった丘であり、ボニファティウスがローマの防御壁であるリーメスの東部布教のために選んだ最初の拠点である。

　案内書によれば、この丘は現在は観光化されているようで、フリッツラーからのハイキング・コースもあるが、歩くのは時間的にも体力的にも無理があるのでタクシーを利用した。大柄な中年の女性運転手は、ドイツ語以外はまったく話さなかったが、親切にも途中で観光案内所に立ち寄ってビュラブルクに関わる資料を入手してきてくれた。タクシーはエーダー川の北に広がる田園地帯を南西方向に走り、坂道をぐるぐる登りながら約30〜40分ほどで丘の頂に到着した。

　その頂には小さな赤い屋根の教会が木立に囲まれてひっそりと立っていた（口絵Ⅲ-24）。この教会は今日、教区教会として利用されているようで、南面には手入れの行き届いた墓地があった。そして教会につづく「十字架の径」沿いには小さな祠がいくつか並び、それらのなかには聖書の場面を表したと思われる彫像がいくつか置かれていた。丘の頂には人影はなく、静寂であり、私には神秘的な空気に包まれた聖なる空間のように思われた。

近くに立っていた看板によれば、この赤い屋根の教会は"聖ブリギダ教会"と呼ばれ、その起源は 6 ～ 7 世紀に求められる。ブリギダ Brigida（451頃－525）とはアイルランドの守護聖人のひとりであり、この地にはボニファティウス以前に聖女ブリギダ信仰を広めるためにアイルランド系の宣教師が到来したことを物語っていた。

　木立の間から北方面を見ると、近くにはフリッツラーのドームや街並みが霞んで見え、遠くにはなだらかな山地が広がっていた。この一帯はかつてカッティ族が住んでいた地域のはずである。その風景はビュラブルクがフランクとザクセン両勢力の相対峙する境界上の丘陵地であったことをあらためて想起させてくれた。当時、この丘陵地帯にはフランク族の軍事施設が置かれていた。実際、観光案内所で入手した資料によれば、考古学的発掘調査の結果、この地はシャルルマーニュのザクセン平定（804年）までフランク族の大規模な要塞集落が存在したことが明らかになっている。

　この頂に立って、私はボニファティウスが742年にこの地に司教座を設置したことに納得できた。ビュラブルクはリーメス東部の最初の司教座であった。この史実は忘れがちであるが、ビュラブルクの歴史的重要性をよく物語っている。ボニファティウスがこの地を布教の最初の拠点に選んだのは、ここがフランク族の軍事的・経済的支援を得ることが可能な地であり、他方フランク側も、ボニファティウスの布教活動がゲルマニア地方の異教徒たちの平定に役立つからである。

　そのビュラブルクもシャルルマーニュのザクセン平定が進むと重要性が薄れていく。この司教区は、748年に司教ウィッタが没すると、ボニファティウスの後継者であるルルスによってマインツの大司教区に併合されている。とはいえ、ビュラブルクがリーメス東部布教の最初の拠点として歴史的に重要な役割を果たしたことは疑いない。この丘の頂から見た北ヘッセン山地の景観は、フランク族と対峙する往時のカッティ族の勢力圏を見るようで今もはっきりと心に残っている。

　こののち待たせてあったタクシーでフリッツラーに戻り、旧市街にあるマルクト（市場）広場のレストランで食事をした後、あらためて旧市街を見学した。マルクト広場の周囲には14～17世紀に建てられたという木組みの建

フリッツラーの旧市街

　物が立ち並んでいた。それらの建造物は色彩豊かで絵に描いたように美しく、お伽話の世界に入ったような気分になった。レストランやカフェも多く、市民たちがテラスで午後の広場を楽しんでいた。
　広場の中央には「ローラントの泉」があり、その泉の真ん中に「ローラント像」が立っていた。ローラント Roland とは中世の武勲詩『ローランの歌』に登場する、わが国でも馴染みのある伝説的な英雄ローランのドイツ語読みである。ドイツでは都市の自治や独立の象徴として、とくに北ドイツ地方で人気があり、多くの都市の広場にこの英雄像が立っている。なかでもブレーメンの市庁舎前にある「ローラント像」は、私も見たことがあるが、ハンザ同盟の自由を象徴する立派な像である。フリッツラーの「ローラント像」はブレーメンのものほど大きなものではなかったが、おそらく広場の開設時に市場の繁栄を祈念して造られたものであり、周りの木組みの建物や南に聳える聖ペトリ・ドームの尖塔と一体感をなして中世的な景観を創り出していた（口絵Ⅲ-25）。ここに立つと、自分が聖ボニファティウス以来発展した中世都市に引き込まれたような気分になった。そして目の前に中世以来つづく朝市や夕市、祝祭日の伝統的な祭りが浮かんでくるようであった。
　中世都市の広場には、多くの場合、その周囲に市庁舎があるが、フリッツラーの市庁舎は広場から南に一本入った奥まったところに立っていた。案内書によれば、この市庁舎は1109年に建造され（市庁舎としては1274年から使

用）、1435年に焼失したが、1441年には再建された、ドイツでは記録に残る最も古い政庁である。尖った切妻型屋根の上部に3本の尖塔が立つ4階建ての建造物は重厚で印象的であった。

　この建物を見ているとき、その南壁面に聖マルティヌスを描いた石造レリーフが嵌め込まれているのに気づいた。それは再建時に作られたレリーフであり、その中央にはトゥールのマルティヌスが馬上から貧者に外套を半分切り裂いて手渡している有名な場面が大きく刻まれ、右上にマインツ大司教の紋章、左上にはマインツ聖堂参事会の紋章が付けられていた（口絵Ⅲ-26）。現地を訪れるまで、私はこの聖人がフリッツラーの守護聖人であることを知らなかったが、このレリーフを見ていると、初代フランク王クローヴィス以来、トゥールのマルティヌスがフランク王国で崇敬され、戦いや争乱のなかで勝利や秩序を祈願する守護聖人であったことが想起され、このレリーフには争乱や紛争、混乱が絶えなかったフリッツラーの人びとの平和への強い祈願が込められているのが伝わってきた。

　その日の夕方、私はバス・ターミナルでカッセルに戻るバスを待ちながら、「神木」ドナーアイヒェの切株の上に立つボニファティウス像、ビュラブルクの丘上に立つ聖ブルギダ教会、色彩華やかなマルクト広場など、この旅で印象深く心に残った聖ボニファティウスに関わる史跡に思いを巡らせていると、奇遇にも朝に出会った婦人とまた遭った。彼女はフリッツラーに住む息子の家族と一緒に過ごしてカッセルの自宅に帰るところであった。バスのなかでは、満面に笑みを浮かべながら息子のこと、嫁や孫のことなどを、写真を見せながら楽しそうに話してくれた。このドイツ婦人の明るく幸せそうな顔は、聖ボニファティウスに始まり厳しい試練を経て実現してきた「平和の街」フリッツラーの今を映し出しているようであった。

　フリッツラー訪問後、私は8世紀前半にボニファティウスが宮宰カール・マルテルから寄進されたというドナウ川以南の4司教座のうち、ザルツブルクを除く3都市、すなわちレーゲンスブルク、パッサウ、フライジンクを巡った。いずれもその起源がローマの要塞に求められる要衝の地であり、ゲルマニア地方における当時のキリスト教化の進展を偲ばせる風光明媚な古都

であった※※。

　　※ボニファティウスは晩年に再び初任地のフリースラントに赴き、754年にレーワ
　　　ルデンの北東約30キロの地にあるドックム近郊で異教徒に惨殺されている。私
　　　はオランダを旅したとき（2011年夏）、このフリースラントの州都レーワルデン
　　　を訪れたが、この地域は自立性が強く独特の雰囲気をもった、オランダの「北
　　　の果て」といった印象を受けた。道標にはフリースラント語とオランダ語が併
　　　記されていた。こうした雰囲気のなかに立つと、ウィリブロードやボニファティ
　　　ウスの布教活動の困難さがひしひしと伝わってきた。

　　　　レーワルデン駅を降りて街路を
　　　北東方向に約10分ほど歩くと、運
　　　河越しに可愛らしい教会の尖塔が
　　　見えてきた。この教会がレーワル
　　　デンの聖ボニファティウス教会で
　　　あった。その建物はオランダの有
　　　名な建築家ピエール・カイペルス
　　　が19世紀後半に設計した新しい
　　　ローマ・カトリック教会である。
　　　因みに、カイペルスは東京駅のモ
　　　デルとなったとも言われるアムス
　　　テルダム中央駅の設計者である。

レーワルデンの聖ボニファティウス教会

　　　この教会を訪れて、私はこの聖人の苦難の布教活動が今日もフリースラントの
　　　人びとの心に刻まれているのを知った。

　※※レーゲンスブルクは旧市街の中心にゴシック様式の大聖堂が立つ、中世的な
　　　雰囲気をとどめた趣のある街並みであった。ドナウ川に架かる12世紀建造の石
　　　橋は「中世橋梁建築の白眉」と言われ、第２次および第３次十字軍が渡ったこ
　　　とでも知られる歴史的な橋であった。船着場の近くには「ドイツ最古」という
　　　ソーセージ屋があり観光客が群がっていた。
　　　　パッサウは、度重なる火災により旧市街が焼失し、いまは美しい「バロック
　　　の街」といった印象を受ける街であったが、ドナウ、イン、イルツ３川が合流
　　　する三角州先端の緑地地帯から眺めた景観は、好天に恵まれて実に美しく深く
　　　心に刻まれた。ドナウ左岸の丘上には13世紀のオーバーハウス城塞が聳え、イ
　　　ン川越しの高台には17世紀起工の聖マリアヒルフ修道院が立っていた。
　　　　ミュンヘン北東郊外にあるフライジンクはボニファティウスが到来する以前
　　　の724年ごろにアイルランド出身の聖コルビニアヌスが伝道を始め、ヴァイエン
　　　シュテファンの丘に修道院を建てた地である。市内を流れるイザール川沿いの
　　　丘上に２本の尖塔が聳える大聖堂が立っていた。この大聖堂は1724年に建てら

れた、赤い屋根と白壁の簡素な建物であるが、陽光に照らされて美しく風格があった。なお、大聖堂の立つ向い側の森には、8世紀ごろから修道士たちが醸造していたとされる、現存する「世界最古のビール醸造所」（現在はバイエルン州立醸造所）がある。ここで醸造される「コルビニアン」は年に一度、復活祭前の断食のときに飲まれる期間限定の有名なビールである。麓のカフェテラスでこの醸造所が造る主要な製品ヘーフェヴァイツェンを試飲した。この一杯の白ビールは暑さと疲れを癒してくれた。

IV

レコンキスタ、サンティアゴ巡礼と
ジブラルタル海峡

バグパイプを奏でる娘

IV-1　サンタ・マリア・デル・ナランコ教会

東（後陣）

西（正面）

IV-2　サン・ミゲル・デ・リーリョ教会

IV-3　サン・イシドロ教会

IV-4　サン・イシドロ教会主祭壇

IV-5　サンタ・マリア広場に向かう仮装行列

IV-6　サンタ・マリア広場への入場

Ⅳ-7　エル・シッドの騎馬像

Ⅳ-8　サンティアゴ旧市街の参道

Ⅳ-9　聖ヤコブの銀製聖遺骨箱

Ⅳ-10　「栄光の門」中央アーチ石柱上の聖ヤコブ像

IV-11　タリファのアラメダ通り（アフリカを望む）

IV-12　タリファのランセス・ビーチ

Ⅳ-13　海峡上から見たザ・ロック

Ⅳ-14　大砲の並ぶセウタ高台

　8世紀のイスラム教徒の侵攻後、イベリア半島北西部の山岳地帯に残った
キリスト教勢力は、アストゥリアス地方を拠点にしてレコンキスタ（国土回
復運動）を展開する。また9世紀初めごろキリストの12使徒のひとりである
聖ヤコブ（スペイン語名：サンティアゴ）の墓が「発見」されると、サンティ
アゴ・デ・コンポステラ巡礼が隆盛となってくる。こうした運動や社会現象
は連動してピレネー以南を再びキリスト教圏に組み込んでいく。ここでは私
が訪れた、それらに関わる諸都市、さらにはヨーロッパ大陸とアフリカ大陸
を分かつジブラルタル海峡を取り上げる。

1　オビエド、レオン、ブルゴス（スペイン 2014年10月）

　10月初旬、私はヘルシンキ経由でマドリードのバラハス空港に到着し
た。この旅の目的はレコンキスタと深く関わったオビエド Oviedo やレオン
León、ブルゴス Burgos、それにキリスト教の三大聖地のひとつとなったサ
ンティアゴ・デ・コンポステラ Santiago de Cmpostela を訪ねることであった。
　マドリード到着の翌日、私はまずサンティアゴ巡礼路の要地であるブルゴ
スを訪れ、ついでその3日後にはレオンに到着した。いずれも列車による移
動である。そしてレオン到着の翌朝にはホテルに荷物を置いてバスに乗り込
み、アストゥリアス地方の中心都市オビエドに向かった。オビエドへは鉄道
も敷かれているが、本数が少なく、バスの方が便利であった。ここではレコ
ンキスタの展開を考慮して、訪れた順序とは異なるが、オビエド、レオン、
ブルゴスの順に記述する。

(1) オビエド

　レオンからオビエドまでは直線にして北西へ約100キロほどの距離であるが、その間には東西にカンタブリカ山脈が走り、その中央部には「ヨーロッパの頂」を意味するピコス・デ・エウロパ山塊（最高峰2648メートル）が聳えている。バスはこの山間の起伏の多い道をアップ・ダウンし曲がりくねりながら約2時間かけて終着地に到着した。

　アストゥリアス地方が歴史上、侵入者を寄せ付けない山岳地帯であることは知識としては承知していたが、今回の旅でこの地方が南は険しいカンタブリカ山脈、北は山地が迫るビスケー湾の海岸線に囲まれた、まさしく自然の要塞であることを身をもって学んだ。

　アストゥリアス地方はローマ時代も西ゴート時代もその実効支配は及んでいない。8世紀初頭になると、イスラム勢力がこの山岳地帯に侵攻して抵抗するキリスト教徒の鎮圧を試みたが、西ゴート貴族の後裔であるドン・ペラーヨがコバトンガの戦い（722年）で彼らを撃退し、初代の国王（位718－737）に即位してカンガス・デ・オニスを中心とするアストゥリアス王国を建国した。そののちアルフォンソ2世（位791－842）時代になると、王国は西のガルシア地方に勢力を拡大し、首都をオビエドに移し、9世紀初めには「発見」された聖ヤコブの墓所に礼拝堂を建立した。これを機にアストゥリアス王国ではレコンキスタの機運が高まり、オルドーニョ2世（位914－924）の治世にはレオンに遷都されてアストゥリアス・レオン王国となり、ついで11世紀にはカスティーリャと合併してレオン・カスティーリャ王国が成立しレコンキスタの推進勢力になっている。

　さて、オビエドのバス・ターミナルに着くと、私はまず鉄道駅から南東方向に走るメイン・ストリートのウリア通りをサンフランシスコ公園の方向に向かって歩いた。当日は雨模様の空であったが、レコンキスタ発祥の北西部山岳地帯というイメージとは程遠く、市街は明るく近代的な街並みが続いていた。この通りを歩いていて、私はその景観が20世紀前半のスペインの不幸な歴史を反映していると感じた。オビエドはアストゥリアスの鉱山労働者の蜂起（1934年）や、つづくスペイン内戦（1936－1939年）などによって、古い街並みはほとんど破壊されてしまったのである。

　空模様が気がかりであったので、私はさっそくアストゥリアス王国時代の古いキリスト教会が立つという北郊の丘陵地帯に向かうことにした。しかし、その方面に行くバスの停留所が見つからず、やっと探した停留所で時刻表を調べると本数が少なく、またバスは出たばかりであった。そのため結局、タクシーを利用して目的地に向かった。

　市街地を抜け丘陵を登ると15分ほどして小さな古い教会が見えてきた。それがサンタ・マリア・デル・ナランコ教会であり（口絵Ⅳ–1）、それよりやや先にサン・ミゲル・デ・リーリョ教会があった（口絵Ⅳ–2）。ふたつの教会はオビエドの街を見下ろして静かに佇んでいた。その光景は私にはレコンキスタの源であり象徴のように映った。そこにはレコンキスタの息吹が漂っているようであった。

　これらの教会は定められた時間帯には見学が許可されるはずであったが、残念ながら私が訪れたときはすでに誰もおらず鍵がかけられていた。そのため内部は資料を参考にして窓から覗き見る程度にしか見ることができなかった。

　両教会は8〜9世紀に建てられた、西ゴート様式の影響を受けたアストゥリアス様式と呼ばれるプレ・ロマネスク建築である。サンタ・マリア教会は、当初はラミロ1世（位842–850）が建造した離宮であり、前面に2本の美しい石柱が立つ見晴らし台は目を引いた。中央部と後部に石段があり、上階内部は半円形天井と横断アーチで覆われていた。オビエド市内で購入した案内書によれば、離宮らしく謁見の間や浴室の跡もあるという。

　サン・ミゲル教会は上記離宮の礼拝堂として建てられた建物であり、西のファサードが発展する先駆けとなる西構えの建造物であった。現在は東後部が一部失われているが、西端部には突出した塔があり、低い側廊風の付属室と高い袖廊風の付属室が取り付けられていた。この構造は明らかにロマネスク様式の先駆的存在と見なされる特徴である。パンフレットによれば、身廊は柱がなく内陣と連なる単一空間であり、内部には立派な装飾彫刻があるという。

　この両教会とオビエドの南34キロの地に立つサンタ・クリスティナ・デ・レナ教会は1985年に「アストゥリアス王国の教会」としてユネスコの世界遺産に登録され、ついで1998年には新しく3つの建造物が追加されて「オ

アルフォンソ2世広場に立つ
サン・サルバドル大聖堂

ビエド歴史地区とアストゥリアス王国の建造物群」と改名され登録されている。

　これらの教会を見学していたとき、雨が激しく降り始めた。そのため待たせてあったタクシーに乗り込み急ぎ市街地に戻った。市街で最初に見学したのがアルフォンソ2世広場に立つサン・サルバドル大聖堂であった。この大聖堂はスペイン内戦後に修復再建された新しい建造物である。元来、ここには9世紀にアルフォンソ2世が建てた礼拝堂があり、その後14〜16世紀にゴシック様式の尖塔をもつ荘厳な建造物が建立されたが、先述のふたつの動乱によって破壊され、内戦後に今日の建物が建てられたのである。

　大聖堂は雨宿りを兼ねた観光客でごった返していたが、人波を縫うようにして内部にあるカマラ・サンタ・デ・オビエドを見学した。カマラ・サンタは西ゴート王国滅亡後にその首都トレドから持ち出された聖遺物を保管するためにアルフォンソ2世が設けたという文字通り「聖なる部屋」であり、今日までその機能が続いた神聖な空間である。

　「聖なる部屋」は上下2段の礼拝堂で構成されている。下部は聖女レオカディアを祀る礼拝堂であり、上部は聖ミゲルを祀る礼拝堂である。この2段の建物は12世紀に大規模な修築がなされている。天井は高く上げられ、木製平天井から半円筒穹窿天井に切り替えられて、重くなった建物は使徒の像が刻まれたロマネスク時代の石柱である、いわゆる「教会の柱」で支えられた。修築されたカマラ・サンタは訪れる人びとを聖遺物の安置に相応しい神聖な空間と思わせたことであろう。

　この空間には多くの宝物が展示されていた。なかでも興味深いのが聖骸布

であった。伝承では、この布は受難したイエス・キリストの顔に被われていた血の染み込んだ布切れを指す。その傍らには「天使の十字架」や「勝利の十字架」が置かれていた。美しい「瑪瑙箱」もあった。それらはアルフォンソ2世や同3世によって寄託されたという当時の金銀細工師の手による見事な貴金属作品である。

　1934年の蜂起で大聖堂は爆破されたが、南翼廊と回廊の間にカマラ・サンタのものと思われる古い外壁を一部見ることができた。その外壁は切妻風屋根の下に煉瓦を積み重ねた建物の一部であり、下層部にはアルフォンソ2世時代のものと思われる古い土台もあった。この空間が災禍から守られて今日まで「聖なる部屋」としてその機能をとどめてきたのは奇跡に思われる。オビエドの人びとの熱い思いや信仰がこの奇跡をもたらしたのであろうか。カマラ・サンタは1998年に世界遺産に追加登録された3つの建造物のひとつである。

　そののち雨も小降りになったので、大聖堂周辺に残る歴史地区を散策し、質素な食堂で遅い昼食をとってバス・ターミナルに向かった。歴史ある都市はどこもそうであるが、オビエドの旧市街も複雑に入り組んでおり、地図を見ても、いま自分がどこにいるのか、どの方向に向かっているのか、正直よくわからなかった。敵の侵攻に備えた戦略的構造であろうが、そのために何度も行き交う人に道を尋ね、やっとウリア通りに出てバス・ターミナルに戻り、午後3時過ぎに発つバスに乗って夕刻には無事、レオンに戻ることができた。

　振り返ってみると、オビエドへの旅は天候に恵まれず、また時間に追われた慌ただしい旅であったが、アストゥリアス地方の険しい地理的環境を身をもって体験し、レコンキスタの息吹を感じさせる遺産をいくつか間近に見学できて満足している。帰るころには天候も回復してきたので車窓からカンタブリカ山脈の景観を楽しむこともできた。この天候の変化は山脈を挟んだ両地方の自然の違いのように思われた。

（2）　レオン

　オビエドから戻った翌日はレオンの史跡を巡った。まずはレオンの歴史を見ておくと、その起源はローマ軍団の宿営地に求められる。ローマはここを拠点にしてイベリア半島北西部の山岳地帯に備えたのである。ローマ時代の土塁や壁、軍事建造物などが市域を囲むように今も残っている。その後、6世紀に西ゴート族、ついで8世紀初頭にはイスラム教徒の支配下に組み込まれたが、アストゥリアス王国が勢力を伸長しオルドーニョ2世の治世に首都がオビエドからレオンに移されると、この都市はイベリア半島におけるキリスト教徒の最重要都市となった。

　また、レオンはローマ時代から「銀の道」として知られる南北に走る交易路（ヒホン～セビーリャ間）上にあり、この交易路に隆盛となってきたサンティアゴ巡礼路が交差する交通の要衝となり、中世には貿易商人や職人、巡礼者などの集う活気ある都市となった。

　私はまず宿泊したホテルの近くを流れるベルネスガ川沿いに北方向に歩き、現在パラドール（歴史的建造物を利用した国営ホテル）となっている旧サン・マルコス修道院へ向かった。朝のベルネスガ川は川面に靄がかかっていたが、市民たちが散歩やジョギングを楽しみ、またベンチに座って会話を楽しんでいる姿が目にとまった。10分ほど歩くとパラドール前の広場に着いた。その広場の奥には堂どうたる建造物が立っていた。この建物は、現在はサン・マルコス・パラドールとなって宿泊客を受け入れているが、元来、ここは巡礼者の保護を目的とするサンティアゴ騎士団の本拠があったところであり、16～18世紀にサン・マルコス修道院が建造され、巡礼者のための救護院として開放されてきた建物である。なお、この建物は大部分がパラドールとなっているが、向かって右端部分に鐘楼とファサードのある修道院教会が残されていた。

　この建物の豪華さには驚いた。ことにプラテレスコ様式と呼ばれる見事な浮彫彫刻で飾られた西正面入口には目を見張った。この様式はゴシックからルネサンスへ移行する過渡期、しかもその初期に生まれたスペイン独自の様式であり、この豊かな浮彫装飾で埋め尽くされた玄関をくぐるときは少し緊張した。幸い、宿泊客でなくても入場可能であったので、この玄関から入っ

サン・マルコス・パラドールと修道院教会

て一部分ではあるが内部を見学することができた。廊下周辺の壁面は宮殿の
ように装飾が施されていた。中庭を取り巻いて 3 つの階とも優雅な回廊が
あった。パラドールの玄関付近には心地よいサロンもあり、休憩して疲れた
足を休めることもできた。また、教会にはゴシック様式の立派な祭壇があっ
た。

　全体的に見て、このパラドールは宮殿を思わせるほど豪華であり、とても
宿泊施設とは思えなかった。思わず受付で料金を見たが、一流ホテルに比べ
て決して高くないことがわかり、一度は泊まってみたいと思ったほどである。

　パラドールを出て、次の見学地サン・イシドロ
教会に向かった。地図と路上に嵌め込まれている
巡礼者用の帆立貝印を頼りに西方向に歩いたが、
入り組んだ路地に迷い込んでしまい、通り掛かり
の人に何度も尋ねてやっと教会西正面の広場に着
いた。

巡礼路上の帆立貝印道標

　この教会はスペインの有名な聖職者であり中世思想に大きな影響を与えた
セビーリャのイシドルス（560頃－636）を奉じて11〜12世紀に建立された、
王室霊廟を擁する建物である。 6 〜 7 世紀に生きたイシドルスがフェルナン
ド 1 世（位1035－1065）の時代にいかにして守護聖人に選ばれ、またその聖
遺物がどのようにしてイスラム支配下にあったセビーリャから奉遷されたの

か、その経緯は定かでないが、この教会はスペイン・ロマネスク様式を代表する傑作としてよく知られている建物である（口絵IV-3）。

　西正面前の広場には、一般の観光客以外にも一団の若者が集まって教師らしい人の説明を聞いていた。そのひとりにどこから来たかと尋ねたところ、コペンハーゲンからやってきたと答えた。修学旅行中のデンマークの高校生であった。レコンキスタやサンティアゴ巡礼は北欧の若者たちにも興味深い歴史的な事柄のようであった。彼らには教会内部でも出会ったが、たいへん礼儀正しく熱心に見学していた。

　この教会の外観は想像していたより装飾の少ない簡素なものであった。西正面にはふたつの入口があった。向かって左側は「子羊の門」であり、右側が「贖罪の門」である。双方とも扉の両肩部にそれぞれ子羊と獅子の彫刻があった。案内書によれば、通常は「子羊の門」が利用される。「贖罪の門」はこの先サンティアゴ・デ・コンポステラまで行けない巡礼者が利用する門である。「子羊の門」上部のタンパン（ティンパヌム）には「アブラハムによるイサクの犠牲」が描かれていた。聖書を題材としたタンパンの彫刻は珍しい。「子羊の門」の上にはバロック風の側柱があり、その上にはイスラム教徒と戦う聖イシドルスの騎馬像が立っていた。この西向きの四角い柱廊玄関部は比較的新しい時期に改築された建物に見えた。

　「子羊の門」から入り中央に進むと立派な主祭壇があり、その中心部に銀製の箱が置かれていた（口絵IV-4）。入口で入手したパンフレットには、ここに聖イシドルスの聖遺物が納められているとある。その聖遺物箱の上部後方にはイエスを抱いたマリア像が立ち、その周囲一面はステンドグラスで豪華に装飾されており目を見張った。身廊の列柱や天井、礼拝堂などはロマネスクよりもゴシックさらにはルネサンス様式の特徴を備えているという印象を受けた。こうした様式の混在は、この教会が繰り返し増改築されたことを物語っている。

　「子羊の門」の左方向、西側には付属美術館があり、その建物内には11世紀に建てられた「ロマネスクのシスティーナ礼拝堂」と称される有名なパンテオンがあった。これがレオンの王および王族の霊廟である。L字型をした2つの部屋の中に入ると中世の世界に迷い込んだような気分になった。大きな円柱で仕切られた3つの身廊の床面には多数の石棺が置かれ、低い丸天井や

レオンの大聖堂の西正面（左）と南面（右）

壁面には聖書にあるイエスの物語や季節の農事を表す月暦が色華やかなフレスコ画で描かれいた。この地方の乾燥した気候のお蔭か、すべてが12世紀のオリジナルであり、まさしくロマネスク美術の傑作と言えるものであった。このパンテオンを見学したとき、多くの観光客がスペイン北西部の古都レオンに足を運ぶのが納得できた。ただ、撮影禁止であったのが残念であった。

　サン・イシドロ教会を出てレオンの大聖堂であるカテドラル・デ・サンタ・マリア・デ・レグラに向かった。この大聖堂はレオンに到着した当日夕刻に一度訪れており、また高い塔が目印となって10分ほどで容易に聖堂前広場に出ることができた。大聖堂の立つ場所はローマ時代には浴場、レオン王国時代には王宮が建てられ、ついで11〜12世紀にはロマネスク様式のカテドラルが立っていた。ここがレオンの中心地である。現在のカテドラルは13〜14世紀にフランス・ゴシック様式の影響を受けて建造されている。全体的にみて、確かにランスの大聖堂やアミアンのそれに似ていると思った。
　西正面には3つの入口があった。それらはフライングバットレスと呼ばれる飛梁りで支え合っていた。その中央入口の柱には白い聖母像がひときわ大

きく掘り出されていた（ただし、この像は複製であり、オリジナルは後陣の礼拝堂に安置されている）。その上のタンパンにはキリストを中心とする「最後の審判」の図像が描かれており、下部には「幸いなる者」と「見放されし者」とが対比して表現されていた。この図像は珍しい構図に思われた。バラ窓を中心にしてカテドラルの両端に聳える2本の尖塔は、左側が13世紀に建てられたロマネスクにゴシック様式が加わった高さ64メートルの尖塔、右側は15世紀に建造された高さ68メートルのゴシック様式の尖塔であった。

聖堂内部は中心部が3つの身廊からなっていた。その建築様式はかつて訪れたことのあるランスのカテドラルを彷彿させるものであった。内部の装飾のなかで最も感銘を受けたのがステンドグラスである。案内書には石の壁の部分よりも広い120枚に及ぶ美しいステンドグラスが嵌め込まれており、色とりどりのステンドグラスを通って差し込む光は聖堂内部を「この世とは思われない」ほど美しく照らすとある。その輝きは確かに見事であり感嘆させられた。主祭壇部のものは北側がブルーを基調とし、南側は明るく華やかな色彩のものが用いられていた。前者は旧約聖書のキリスト以前の時代を著し、後者は新約聖書からとったキリスト降臨後の時代を表しているという。

大聖堂を出ると、南方向にあるマヨール広場やサン・マルティン広場周辺を散策した。この界隈も道が迷路のように入り組んでおり、しばしば方向感覚を失ったが、時折り顔を出す大聖堂の尖塔が目印となった。沿道には趣のある店舗が並び旧市街の雰囲気を味わうことができた。

その一区画にあった居酒屋風レストランに入って、にぎやかな店内で地産のワインを飲みタパスを食べていると、北西スペインの旅の風情を感じ、当日訪れた見学地があれこれ思い浮かんできた。レオンではやはりサン・イシドロ教会が最も印象に残った。この教会はレオンがオビエドを継ぐレコンキスタの中心地であり、サンティアゴ巡礼路の要地であったことを実感させる歴史的遺産であった。

(3) ブルゴス

ブルゴスは9世紀末ごろにカスティーリャ王国の城塞都市として建設された初期レコンキスタの軍事的拠点であり、またサンティアゴ巡礼路上の要地

でもあって、11世紀にはフェルナ
ンド１世の下でカスティーリャ王国
の首都として最盛期を迎えた都市で
ある。

　ブルゴスの鉄道駅は市の中心地か
ら約５キロも離れた新興地域に建設
されていた。旧市街地に向かう公共
交通機関はバスであるが、発車時間
は列車とうまく接続されておらず、
やっと拾うことができた一台のタク
シーにイタリア人夫婦と相乗りして
旧市街に向かった。

　タクシーを降りてすぐ目にとまっ
たのが荘厳なカテドラルであった。
このカテドラルは1221年にカス
ティーリャ王フェルナンド３世（位

サンタ・マリア・デ・ブルゴス大聖堂

1217−1252）の命で着工され、16世紀に完成したサンタ・マリア・デ・ブルゴ
ス大聖堂である。その西正面は北フランス風ゴシック様式であり、３つの入
口、中央のバラ窓、それに54メートルの高さを誇る八角形の尖塔が際立っ
ていた。このカテドラルはセビーリャ、トレドに次ぐスペイン第３の規模
を誇る大聖堂である。尖塔の真下には1919年に設置されたスペインの「民
族的英雄」エル・シッド（本名ロドリーゴ・ディアス・デ・ビバール）（1043頃−
1099）と彼の妻ドーニャ・ヒメーナの霊廟があった。

　カテドラル近くの丘陵斜面にあるホテルで宿泊手続きを終え、昼過ぎに外
出すると、旧市街では多くの人びとが仮装して行列で練り歩き始めていた。
その数は次第に増して、中心部は華やかな雰囲気に包まれた。色とりどりの
民族衣装を身にまとった行列や、馬に乗った騎士団、十字軍兵士を模した人
びとなどが旗を振り笛や太鼓を吹き鳴らしてカテドラル前のサンタ・マリア
広場を埋め尽くした（口絵IV−5, IV−6）。広場や、市中を流れるアルランソ
ン川沿いには多くの露店が並んでいた。仮装に参加した人びとは、尋ねてみ

サンタ・マリア広場に向かう仮装行列

ると、ブルゴス市民や近隣の住民のみならず、スペイン各地から来ており、さらにイタリアやブラジルなどから巡礼を兼ねて来たという外国人もいた。

　当然、群衆のなかには巡礼姿の人びとも見かけた。彼らは多くが帆立貝印のある巡礼路を歩き、アルランソン川を越えてサンタ・マリア門をくぐり、南から旧市街に入っていた。サンタ・マリア門は14世紀に建造され16世紀に改築された荘厳な門であり、最上部にはキリストを抱くマリア像、ついで天使像、その下にエル・シッドなど6人の英雄像が2段に並んで彫られていた。

　この祭りは夜も続いた。広場奥の仮設ステージは華やかな照明が灯され、さまざまな演劇や演奏が続いて深夜まで観衆で賑わった。まさに大フェスティバルであった。

　これほど華やかで情熱的な祭りを見ても、私は予備知識がなかったために仮装行列の内容から漠然とブルゴスの伝統的な宗教的行事だと思い込んでいた。しかし、この祭りはエル・シッドを称える行事であった。それとはっきり認識したのは帰国後のことである。スペイン政府観光局に問い合わせたところ、この祭りは「エル・シッド週末祭」と称して、市民たちが毎年この時期に行っている催しとのことであった。中世の武勲詩『わがエル・シッドの歌』でよく知られているこの「レコンキスタの英雄」は、ブルゴス北郊の小

夕方のサンタ・マリア門

さな村ビバールの出身である。

　翌朝はアルランソン川沿いを散策した。その畔の市立劇場付近には立派な
エル・シッドの騎馬像が立っていた（口絵Ⅳ-7）。この像を見て、私はブル
ゴス市民がエル・シッドに相当の誇りをもっていると感じた。また、この川
沿いには1180年に創設されたというシトー派のウエルガス修道院があった。
残念ながら修道院内に入って見学することはできなかったが、案内書によれ
ば、内部はロマネスク、ムデハル、ゴシックなどの様式を取り入れた見事な
装飾が施され、イスラム教徒との戦いを題材とした絵画が展示されていると
いう。

　ついでカテドラルの裏手にある丘陵斜面を登ると、古くて趣のある中世風
の家並みが続いていた。細い坂道を突っ切るとアラブ風の城門サン・エステ
バン門に辿り着いた。その近くにあった小さなキリスト教会はレコンキスタ
に関わる彫刻で飾られていた。そして中では人びとが集い日曜のミサを執り
行っていた。この界隈の光景は、私にはレコンキスタを経験した街の歴史が
しっかりと刻み込まれているように映った。

　ブルゴスはオビエドやレオンを受け継いでレコンキスタを展開した威風あ
る都市であった。市民たちは郷土の「英雄」エル・シッドを誇り敬愛してい

た。ここではシッドの実像は問わない。シッドに対する市民たちの熱い思い
はシッド週末祭で爆発し、街中に熱狂的な空気が漲っていた。幸運にも、私
はこの祭りの期間にブルゴスに滞在して、レコンキスタ当時のブルゴスの雰
囲気に幾分でも浸ることができた。よい経験であった。なお、ブルゴスは
1984年10月にユネスコ世界遺産に登録されている。

2　サンティアゴ・デ・コンポステラ

（スペイン　2014年10月）

　10月上旬、私はレオンから鉄道でオウレンセに行き、ここで一泊した後、
サンティアゴ・デ・コンポステラに向かっ
た。オウレンセは山間の渓谷沿いにある小さ
な都市であるが、ブルゴスやレオン方面から
来る路線とマドリードから来る路線が接合す
る交通の要衝であり、多くの巡礼者たちはこ
こを訪れたのちにサンティアゴに向かう。そ
のため道路上には巡礼者のための帆立貝印の
道標が点てんと嵌め込まれていた。

オウレンセの帆立貝印道標

　オウレンセに泊まった翌朝、私はガリシア人の親切で人懐こい気質に接し
た。ホテルを出るとき、受付にいた男性が私を日本人と知って、近くを流れ
るミーニョ川岸に日本風の温泉施設があると教えてくれた。そこで列車の待
ち時間を利用して何人かに尋ねながら川沿いを歩いてみたが、なかなか温泉
施設に行き着くことができなかった。しかし、言葉はほとんど通じなくても
尋ねた人たちは皆、とても親切で、最後に尋ねた人は近くまで案内してくれ
た。列車の時刻が気になったが、わざわざ川岸の堤防上まで同伴して見届け
てくれている人の手前、引き返すこともできず、何とか温泉施設に着いて見
学することができた。

　オウレンセはローマ時代から発達した古い集落である。ミーニョ川に架か
る橋の名称「ローマ橋」がそれを物語っていた。当然、温泉好きなローマ人
たちはこの地に湧き出る温泉を利用したはずである。しかし、ここの温泉施
設は日本風家屋の構造をしており、入口看板には漢字で「温泉」と書かれ日
本式温泉マークが描かれていた。川岸の岩場には露天風呂も造られており、
何人かの男女が朝から水着姿ではあるが入浴していた。ホテルの係の話では
日本文化に傾倒したスペイン人が造った施設である。

　オウレンセからサンティアゴまで、列車は山岳地帯を走った。当日は雨模

様の天気で霧も深く、地中海沿岸地方とは対照的に暗いが、しかし幻想的で風情あるガリシア地方の景観を楽しむことができた。それは聖地に向かう列車の車窓に相応<ruby>しい<rt>ふさわ</rt></ruby>景観に思えた。

　サンティアゴ駅には午前10時ごろに到着した。プラットホームに降り立ってまず目にとまったのが案内標識である。旧市街の方向を示す標識の下部にふたつの言葉が上下に並べて書かれていた。双方とも「出口」を意味し、ひとつはカスティーリャ語（スペイン語）であることはわかったが、もうひとつが何語かはよくわからなかった。駅構内に進むと同様な看板や標識がいくつもあった。そこで駅員に尋ねたところガリシア語だと教えてくれた。ガリシア語はこの地方に公用語として認められている言葉であり、ポルトガル語に近いこともわかった。このとき私は、かつてカタルーニャ地方を旅していて、カタルーニャ語とカスティーリャ語が併記された標識や看板を見たのを思い出した。また、以前訪れたバスク地方でも同様にバスク語が併記された標識や看板を見た。この地に来て、あらためて私は日本人にはわかりにくいスペインの複雑な文化的事情を垣間見た思いがした。一言に「スペイン」と言っても、この国は複雑で多様な世界なのである。

　サンティアゴの旧市街は丘陵上にある。鉄道駅は丘陵の麓にあり、予約しておいたホテルに行くにはかなり坂道を登らなければならない。その上、駅に着いたころから雨が本降りとなった。そこでタクシーに乗ったが、一方通行のせいもあり、タクシーはぐるぐる曲がりながら坂道を登り、やっと旧市街の一角にあるホテル前に到着した。道が狭く、人も車も多くて停車中に降りるのは大変であった。運転手に早く降りるようにせかされた。

　キリストの12使徒のひとりである聖ヤコブ、スペイン語でサンティアゴと呼ぶ聖人の墓が「発見」された地は、なるほど山間の丘上にあった。そこはほとんど平地がなく、狭い空間に巡礼者や観光客が押し寄せ、多くの宿泊所や観光施設が立ち並んで、異様なほど活気に満ちた、しかし騒然とした門前町であった。これがサンティアゴ・デ・コンポステラの第一印象である。

　ここでまず基本的な事柄を確認しておきたい。紀元43年ごろにイェルサレムで殉教した聖ヤコブの墓が「発見」されたのは9世紀初めのことである。伝承によれば、そのころ隠者ペライヨが天使からこの地にヤコブの遺骸

が運ばれ埋葬されていると告げられ、それと知ったイリア司教テオデミロが不思議な光に導かれてヤコブの墓を見つけ、アストゥリアス王アルフォンソ2世が直ちにそこに礼拝堂を建立したという。

　真偽はともかく、こうした伝承はピレネーを越えて各地に伝わり、これ以降聖ヤコブの墓を訪れる巡礼が始まり、西欧の聖遺物崇拝思想の影響もあって、11世紀ごろまでにはヨーロッパ中から多くの巡礼者が集まるようになった。そして12世紀には年間約50万人にも及ぶ巡礼者が訪れて、ローマやイェルサレムと並ぶキリスト教三大巡礼地となっている。

　この隆盛にはイベリア半島のレコンキスタ運動が連動した。聖ヤコブはレオン王国の守護聖人となりレコンキスタを推進する守護神となった。この聖人は「ムーア人殺しのヤコブ」としてイスラム教徒と戦う戦士たちの精神的支柱となったのである。なお、ムーア（モーロ）人とはジブラルタル海峡を越えて来た「マウレタニアの住民」を指す。

　到着当日、私はまず全体の様子を見るために市街を散策した。狭い石畳の道を大勢の観光客が雨にもかかわらずひしめくように歩いていた（口絵Ⅳ-8）。もちろん、杖をもった巡礼姿の人も多く見かけた。道路沿いには物乞いをする人も何人か座っていた。東の方からカテドラルに近づくと「聖なる門」の前に広がるキンターナ広場に出た。これはカテドラルの裏側にあたる広場であるが、ここも観光客や巡礼者で賑わっていた。夏季にはこの広場でコンサートなどの催しが開かれるという。

　17世紀初期に改築された「聖なる門」は、7月25日が日曜日となる「聖ヤコブ大祭年」の間、入口として開かれる門である。上部には聖ヤコブの彫像、その両側にはふたりの弟子の彫像があった。ここを通り過ぎて「大時計の塔」の南側にある立派な「馬の噴水」のある広場に出た。ここは大聖堂南側の「銀細工の門」前の広場である。ふたつの入口がある「銀細工の門」は唯一、バロック様式に改修される以前のロマネスク様式の姿を残す貴重な南ファサードである。この門から聖堂内部に入り、後陣にある中央祭壇の方向に進んだ。大勢の人でごった返していたが、この門からは中央祭壇は近く、比較的容易に中心部に行き着くことができた。

　今日の中央祭壇は17世紀に改修工事が行われたバロック様式の豪華な祭

銀細工の門と「馬の噴水」広場　　　　　　　聖ヤコブ地下礼拝堂入口

壇である。この祭壇は大きな天蓋で覆われ、荘厳な小礼拝室を備えたピラ
ミッド状の構造物であった。小礼拝室の中央と上部、そして天蓋の下にはそ
れぞれ聖ヤコブの彫像があった。

　中央祭壇下の地下礼拝堂には、聖ヤコブとふたりの弟子たちの遺骨を納め
た銀製の聖遺骨箱が安置されていた（口絵IV-9）。中央祭壇の左横にある石
段を下りると、信者でなくても容易に聖遺骨箱に近づき写真をとることもで
きた。この聖遺骨は16世紀ごろに海賊などの略奪を恐れて隠されたが、19
世紀末ごろ再び発見され地下礼拝堂を改修して安置されたという。聖遺骨箱
の前では信者たちが祈りを捧げていた。こうした大聖堂の中核部を巡ってい
ると、聖ヤコブに対する信者たちの篤い信仰心がひしひしと伝わってきた。

　カテドラルの西正面や「栄光の門」、この門から入る聖堂内部は翌日見学
することにして、「銀細工の門」を出て石畳の小道を南方向に下り、参道沿
いのレストランで昼食をとった。石の建造物沿いの石畳の上を歩くのはいつ
もながら疲れる。そのため食後は休息も兼ねてアラメダ公園に向かった。こ
の公園は旧市街の南西部に広がる丘陵上の大きな公園であり、雨も上がった

ので遊歩道を散策した。そこでは高校生たちが、体育の授業か、先生の指導下でランニングをしていた。公園の一角が学校のグランドになっていると思った。これも狭い丘陵上ゆえのことであろう。この公園の高所からは緑越しにカテドラルの尖塔と西ファサードが見えた。緑が多く白鳥などの水鳥もいる美しい公園であり疲れを癒してくれた。

　翌日は朝9時ごろにホテルを出てカテドラルの西正面前にあるオブライドロ広場に向かった。この広場はサンティアゴの象徴的な場所である。すでに多くの観光客や巡礼者で賑わっていた。ここから眺めるファサードは立派で堂どうとしていた。74メートルもある2本の尖塔はロマネスク様式の塔にかわって17世紀に改築されたバロック様式の壮麗な尖塔であった。ただし2本とも修築中であり、残念なことに上部は工事中に被う実物大の写真付覆いを通してしか見ることができなかった。2本の尖塔の間にある建物の中央最上部には十字架が立ち、その下には聖ヤコブの像、両側には王や天使の彫像が備え付けられ、その周囲も多様な装飾や彫像で飾られていた。

　オブライドロ広場の西ファサードには聖堂内部に入るための何段かの立派な石段があった。通常、聖堂前の階段は珍しい。この石段は西側に傾いた地形の高低差を解消するための工夫であり、聖堂建築時の困難さが偲ばれた。

　石段を上りきると「キリストの勝利」を表わす「栄光の門」があった。この荘厳な門は3つのアーチからなっていた。そのうち中央アーチ上部には壮大なキリスト像を中心に天上の世界を描いた半円形のタンパンがあり、その真下中央部には天上の世界と地上の世界を繋ぐかのようにマリオン（中方立て）が立っていた。このマリオンは細いが精緻な装飾が施された見事なものであった。ことにその上部に刻まれた優しく前を見据える聖ヤコブの像は印象深く心に残った（口絵Ⅳ-10）。なお、左側のアーチの脇柱やアーキボルト（飾り迫縁）には旧約聖書に由来する場面、右側のアーチの脇柱やアーキボルトには「最後の審判」に関わる場面が描かれていた。

　この門の前にも物乞いをする人たちが座っていた。どこの教会にも見られる光景であるが、ことにサンティアゴでは各所で目についた。中世以来の「貧者救済」の伝統に由来するものであろう。しかし、今日ではほとんどの人が無視して通り過ぎている。

サンティアゴ大聖堂の西ファサード

西ファサード上部の彫刻

　「栄光の門」の中央アーチを通ると中央祭壇に通じる主翼身廊に入った。大聖堂で購入した案内書『サンティアゴ大聖堂』によれば、この身廊は西から東に全長97メートルもあり、半円形ヴォールトの天井アーチを支える何本かの複合大柱によって翼廊と仕切られていた。他の教会と同様に身廊には信者のための会衆席が備えられていた。身廊は中央祭壇手前で前日入った南の「銀細工の門」と北の「アサバチェリアの門」を両端とする袖廊と交差し

ている。この交差する部分が人びとで最も賑わっているところであった。

　午前10時を過ぎたころには前日訪れた主祭壇前に再び到着した。前日は南側の「銀細工の門」から入ったせいで聖堂の全体像が十分に把握できなかったが、今回はオブライドロ広場を通り「栄光の門」から主翼身廊に入って中央祭壇前に来たお陰で、聖堂の規模や荘厳さがよく把握できた。その後、後陣の周歩廊を歩いてさまざまな礼拝堂を見学していると、人びとの動きが慌ただしくなってきた。来訪者たちが会衆席に座り始めたのである。私もその動きにつられて着席した。時計を見たら11時ごろであった。初めはその動きの意味がよくわからなかったが、正午に始まるミサのために来訪者たちが席を確保しはじめたのである。11時半ごろにはすでに満席となり多くの人びとが周りにぎっしり立っていた。

　待ち時間の間、私は右隣りにいた40歳ぐらいの婦人に話しかけたところ、ハンガリーからやってきたと言った。彼女は南フランスのピレネー山麓にあるサン・ジャン・ピエ・ド・ポールを出発して、約800キロの道のりを28日間歩いてサンティアゴに到着した敬虔な巡礼者であった。また左側にいた人は60歳ぐらいの日本人の男性であった。日本から信者のツアーでやってきた敬虔なクリスチャンであった。「どこの管区の人か」と尋ねられたので「信者ではない」と答えたところ、けげんな顔をされていたのが記憶に残っている。

　超満員のなかでミサは厳かに執り行われた。最も印象的であったのは、天井から吊るされているボタフメイロが振り回された場面であった。ボタフメイロとは、案内書によれば、高さ180センチ、重さ53キロもある銀メッキの真鍮製香炉である。この巨大な香炉は幾人かの聖職者によって聖堂内部の空気を「浄化」するために何度も振り回された。私の座っている席の上方にも撒

大聖堂内部の巨大な香炉ボタフメイロ

き散らされた灰が飛んできた。ミサの間は写真撮影禁止であったが、係員が注意して回ったにもかかわらず、このときは一斉にフラッシュが焚かれ、それ以前の厳粛な空気とは対照的な騒然とした雰囲気となった。

　ミサが終わると「栄光の門」からオブライドロ広場に出た。人びとの服装や言葉、肌の色などを通して、あらためてさまざまな国から信者や観光客が来ていると感じた。韓国から来たサイクリング用自転車に乗った一団にも出会った。

　広場を出て食事をした後、旧市街の東側にあるモナパル公園やポボ・ガレオ博物館を見学し、その西側にある「巡礼の門」から再びカテドラルに向かった。この門は今日では目立たないありふれた門となっているが、かつては巡礼者たちがこの門を通ってカテドラルに向かったという。そのためか、この門からカテドラルに向かう参道には巡礼姿の人たちが目についた。昼過ぎであり、路上で若者たちが酒を飲みギターを弾いて疲れを癒している姿も見られた。彼らも外国から来た巡礼者であった。杖や寝袋をもっていた。そのうちのひとりに「どこから来たか？」と尋ねたところ「アイルランドから来た」と答えた。

　2日間のサンティアゴ滞在を終えて、翌朝には列車でマドリードに向かった。車内にはまだ聖地サンティアゴの空気が漂っていた。乗客のほとんどが巡礼者や観光客であり、無事に旅を終えたという安堵感や達成感が伝わってきた。前の座席には南フランスのサン・ジャン・ピエ・ド・ポールからサンティアゴまで約1か月かけて歩いてきたという中年の日本人夫婦もいた。

　聖ヤコブの墓の「発見」は史実としては信じがたいが、この地には長い歴史的経過のうちに生み出されてきた「聖なる空間」が疑いなく実在していた。荘厳な建物群、参道や路地を行き交う巡礼者や観光客、物乞い、土産物屋や飲食店の前に立つ呼び込み人、それらが渾然となって醸し出す空気は、言葉ではうまく表現できないが、熱狂性を帯び活気に満ちた空間を作り出していた。それは中世以来、連綿として受け継がれてきた雰囲気であろう。この地を歩いていて、私は中世の旅人たちが味わった聖地サンティアゴの雰囲気に自分もいま浸っているのだと感じた。

　マドリードまでは約 6 時間の道程であったが、列車は長距離を走るアルビ
ア号であり快適な旅であった。車窓に映る景観は、地中海沿岸地方とは異な
り、緑が少なく乾燥したスペインの中央台地メセタの特色をよく映し出して
いた。列車がマドリードに近づいたとき、突然、近代的な都会に入ったと
いった印象を受けた。マドリードのホテルに到着した当日、テレビはエボラ
出血熱で大騒ぎしていた。感染したスペイン人がアフリカから帰国したから
である。その患者が隔離された病院は私が宿泊したホテルのすぐ近くにあっ
た。そのため、その界隈の人の動きが慌ただしかった。このときはスペイン
から出国させてもらえるかどうか心配したほどである。

3　ジブラルタル海峡（スペイン・モロッコ 2012年3月）

　ヨーロッパ大陸とアフリカ大陸を隔てるジブラルタル Gibraltar 海峡は、古くから諸民族が行き交い歴史を動かしてきた重要な海峡である。ことに中世の時代、イスラム教勢力が南から海峡を越えてイベリア半島に進出し、キリスト教勢力が北からレコンキスタを展開して彼らを海峡の彼方に駆逐するまでの約800年間は、この海峡はイスラム教・キリスト教両勢力の攻防の拠点となった、世界史上でも注目すべき海峡であった。

　私はこの海峡を目指して3月中旬午前9時ごろバルセロナ・プラット空港を発ち、1時間ほどしてまずはグアダルメディナ川の河口に位置する南スペインの港湾都市マラガに降りた。バスや列車など陸上交通だとかなりの時間を要するが、スペインのブエリング航空を利用したお蔭で安価で快適な空の旅を楽しむことができた。

　マラガは前8世紀ごろにフェニキア人が築いたとされる古い歴史を誇る商業都市であり、今日ではリゾート海岸コルタ・デル・ソルの玄関口ともなっている。空港を出てまず直射日光の強さに驚いた。さすがに南に来たと感じ

ジブラルタル海峡

た。早春とはいえ、初夏のような気候であった。多くの人びとが軽装でサングラスを掛けていた。ここは先ほどまでいたバルセロナとは異なる世界であった。

　マラガからはバスに乗ってコルタ・デル・ソルの海岸線近くを走るハイウエーを通り、約1時間45分でアルヘシラスに到着した。相変わらず日差しが強かった。バスの待ち時間を利用して軽食を口にした後、アルヘシラスからタリファに向かった。バスの車窓左側にモロッコの山並みがうっすらと望

タリファ旧市街

めるようになった。乗り合わせた高校生風の若者に英語で「あれはアフリカか？」と尋ねてみると頷いた。イベリア半島最南端に近づいたと実感したときである。

　タリファのバス停に着くと、アンダルシア通りを横切って城門のある旧市街地に入った。タリファは711年にスペイン最初のムーア人居住地となったところである。彼らは自らをベルベルと称し、7世紀にイスラム軍の侵入を受けて改宗した北アフリカのイスラム教徒である。アラブの歴史家の記述によれば、「タリファ」の地名は710年の侵攻時に軍隊を率いたムーア人の指揮官の名に由来するという。

　旧市街の道路は迷路のように複雑に入り組んでいた。戦略的意図が窺える街路である。そのため居合わせた住民に何度も道を尋ね、海に向かってアラメダ通りを下り、午後2時ごろに予約しておいた港近くのホテルに到着することができた。アラメダ通り一帯は白亜の家並みと緑の街路樹がつづき、カフェやレストランが並ぶ商店街であり憩いの場でもあった（口絵Ⅳ-11）。強い日差しを避けて、人びとが午後のひとときを木蔭やカフェのテラスで思い思いに過ごしていた。彼らはほとんど観光客ではなく地元の住民に見えた。幼児を連れた母親や、路上でボールを蹴って遊んでいる子供たちも目についた。この暑さでは憩や午睡も必要である。働く意欲は起こらないと思った。まさにヨーロッパ大陸の最南端に来たと感じた。

ホテルの受付と宿舎は離れたところにあった。そのため受付で手続きを終えたあと、宿舎を探して10分ほど歩いた。受付で応対した係員の話す言葉は、英語かスペイン語か、よくわからなかった。

　宿舎に着いてしばらく休憩した後、港近くにある「タリファ城」と呼ばれる要塞の見学に出かけた。この要塞は960年ごろにコルドバのカリフであったアブド・アル・ラーマン３世（位912−961）がこの海峡の戦略上の拠点に築いた砦であるが、その後北から勢力を伸長してきたカスティーリャ・レオンの王サンチョ４世（位1284−1295）が1292年に占拠し、その防御を総督アロンソ・ペレス・デ・グスマンに委ねた砦である。グスマンはこの砦を死守した。この砦が別名「グスマン城」とも呼ばれる所以である。キリスト教徒がタリファを最終的に獲得したのは1340年のことである。

　要塞は高く何層にも別れており、迷路のような複雑な構造になっていた。それを上るにつれてタリファ港やジブラルタル海峡が一望できるようになり、その先にモロッコの山並みがくっきりと見えてきた。タリファからモロッコまではわずか15キロほどの距離である。ここはヨーロッパとアフリカの架け橋であり、地中海と大西洋の接点でもある。タリファ城から見るジブラルタル海峡は実に美しく雄大であり、眺めていて飽きることのない風景であった。要塞の高台に立つと、この海峡を渡った多くの民族の歴史が脳裏から湧き出るように自然に想い起こされた。

　すでに前８世紀ごろにはフェニキア人やギリシア人が地中海の東方からこの海域に到来して交易や植民活動をし、前６世紀になるとフェニキア系のカルタゴ人、ついでローマ人がこの海域を長く支配下に置いた。紀元５世紀になるとゲルマン民族のヴァンダル族がイベリア半島のアンダルシア地方に到着し、さらに海峡を越えて北アフリカに渡ってヴァンダル王国を築いている。「アンダルシア」という地名は彼らの名前に由来すると言われる。

　６世紀になると、この海峡はユスティニアヌス帝（位527−565）の再征服事業により東ローマの支配下に入ったが、711年にはイスラム教徒が南から海峡を越えてイベリア半島を制圧し、後ウマイア朝時代にはコルドバを中心にイスラム文化がおおいに繁栄した。こののちキリスト教勢力によるレコンキスタが進んで、15世紀にはイスラム勢力は海峡の彼方に駆逐されている。

タリファ城

タリファ城から見たモロッコ

　この間、北アフリカから勢力を伸ばしてきたムラービト朝およびムワッヒド朝の時代（11〜13世紀）には一時的ながら海峡を挟んだひとつの政治的統一が実現している。
　地名「ジブラルタル」は711年にイベリア半島に侵攻したアラブ軍の指揮官タリック・ベン・ザイエドが築いた要塞ジベル・タリック（タリックの山）に由来すると言われる。今日、この海峡はヨーロッパとアフリカ、キリスト教圏とイスラム教圏との境界となっているが、こうした多彩な民族移動の歴史はイベリア半島、ことにアンダルシア地方がヨーロッパとは異なる多様性

に富んだ世界であることを物語っている。

　要塞からの帰途、旧市街の入り組んだ裏道に入って人びとの住まいを見学した。玄関口は美しい模様のタイルが張られ、アラブ調の内庭パティオがある家並みが見られた。やはりここはスペイン北部やピレネー以北とは異なる独特の雰囲気をもった街であった。

　宿で休憩した後、夕方はタリファの西方、大西洋岸に広がるランセス・ビーチを散策した。大西洋が一望できる雄大な海辺であった（口絵IV-12）。防波堤を下りて白洲や苔類の生える岩場に出てみた。風と潮の香りが強く海水は生温かった。地中海と大西洋の風が吹きつける海岸線はウインド・サーフィンの名所であり、夏場には各地から多くの若者が集まるという。

　翌朝はタリファ港をフェリーで出発してモロッコのタンジェに向かった。天気は晴朗で美しいジブラルタル海峡を満悦できた。ただし「ジャスミン革命」の影響により、個人客の場合、船内で厳しい検閲を受けた。

　タリファから約15キロ、およそ40分の船旅でタンジェの港に到着した。タンジェではモロッコ人ガイドが半日ルートで案内してくれた。タンジェの街も白亜の家並みが続いていた。王家の別荘がある緑に包まれた高級住宅街を通り抜け、メディナと呼ばれる旧市街地区に入ってバザールも見学した。迷路のような小路に人びとがひしめき合い、雑踏と喧騒のなかで物売りの少年たちが声を掛けてくるのを見て、彼らの教育や貧富の差などについて考えさせられた。しかし、全体的に見て、アフリカ側の沿岸も、スペイン側の沿岸と同じく、明るい日差し、紺碧の海、白亜の家並み、柑橘類や椰子の緑地帯で構成される地中海的景観であり、人びとの肌の色や人柄、生活の様子なども似通っていて、宗教や政治を超えた共通の文化が基層にあるのを実感した。帰路の海峡は午後の強い日差しに映えてさらに美しかった。

　翌日は英領ジブラルタルに向かう予定であったが、海峡を渡った前日の船旅が強く印象に残っていたので、予定を変更してタリファからアルヘシラスまでバスで行き、再び船に乗ってアフリカのスペイン領セウタに向かった。アルヘシラスは狭小なアルヘシラス湾を挟んで英領ジブラルタルと向か

タンジェ港高台から望む海峡とヨーロッパ

タンジェ旧市街

い合う港町である。フェリー会社の事務所がいくつかあるのか、乗船場界隈
ではアルバイト風の若者が路上で乗船切符を買うよう付きまとい、やや困惑
した。しかし、この日も天候に恵まれ、海峡は明るく美しく、快適な船旅で
あった。船上からは英領ジブラルタルの岩山「ザ・ロック」がよく見えた
（口絵Ⅳ-13）。

　フェリーはおよそ15キロの航路を走り40分ほどでセウタに到着した。セ

ウタは英領ジブラルタルと並んでギリシア神話の「ヘラクレスの柱」として知られるアフリカ側先端に位置するスペイン領である。古代ギリシア人は2本の「ヘラクレスの柱」のうち、ジブラルタルのフェルセン岬側の岩山を"カルペ山"と呼び、セウタ近くの山を"アビラ山"と呼んだ。"カルペ山"は英領ジブラルタルの「ザ・ロック」に当たり、"アビラ山"はおそらくジャバル・ムーサ岬のアチョ山に当たる。古代人にとって「ヘラクレスの柱」は東から来る航海者の限界海域であった。それは大西洋にあるというヘラクレスの住処への入口であり、激しい潮流を越えて海峡の先に出た者は帰ることができないと信じられていたという。

　セウタは1415年にポルトガルに征服されたが、フェリペ2世（位1556-1598）がポルトガルを併合して以来スペイン領となり、今日まで戦略的要地としてスペインの統治下にある。
　セウタ港に到着し、ポルトガル人が築いた要塞サン・フェリペ堀を経て坂道を登ると明るく美しい街並みが広がっていた。遠くにアチョ山を望むこともできた。ガイドブックには、アチョ山の中腹にあるサン・アントニオ礼拝堂前からはジブラルタル海峡やスペインの山並み、セウタの街並み、モロッコの山並みがよく見え、さらにヨーロッパ大陸を望むことができると記されていた。そのため是非行きたいと思って要塞近くにあった兵士駐屯所で交通手段を尋ねてみた。ひとりの兵士がにこにこしながらジェスチャーを交えて応対してくれたが、言葉がよく通じず、結局アチョ山までは行くことができなかった。そこでカテドラルとアフリカ聖母教会を見学し、海がよく見えるサン・フェリペ堀の高台を散策した。日差しは強く、海は底抜けに明るく、まさしくここは北アフリカ最先端の地であると実感した。市街は平穏であり、巡回中の兵士たちは皆、明るく笑顔で挨拶を交わしてくれた。高台に設置されていた大砲や堅固な要塞は、セウタが古くから戦略上の要地であったことを物語っていたが、私はここで「ジャスミン革命」の緊張を感じることはなかった（口絵IV-14）。
　セウタ見学後はフェリーでアルヘシラスに戻り、今度はバスで英領ジブラルタルとの国境の町ラ・リネアに向かった。バスは通勤・通学用のために回り道をしながらおおむね40分かかってラ・リネアに着いた。

セウタ市街

サン・フェリペ堀

スペイン領より見た英領ジブラルタル

英領ジブラルタルに近づくにつれて「ザ・ロック」がくっきり見えてきた。バス・ターミナルに着き近くの派出所で英領に向かう道を尋ねると、警官が道順を教えながらしきりに荷物を抱え込むジェスチャーをしてスリに気をつけるよう注意してくれた。それまでの私の感覚では英領よりスペイン側のほうが危険のように思っていたが、英領ジブラルタルは相当治安が悪いようであった。

　物ものしい検問をくぐってユニオン・ジャックのたなびく英領に入った。標識はすべて英語に変わりダブルデッカーが走っていた。ここはまさにイギリスという印象を受けた。到着時はすでに午後5時近くになっており、ここで働く人びとが通行許可証を見せながら帰途についていた。英領に入るとすぐ手前に空港があり、奥の方に戦闘機が一機着陸していた。その先に「ザ・ロック」が聳えていた。岬を回る観光バスがあり、また「ザ・ロック」を登るロープウェイもあったが、セウタに立ち寄ったために時間がなく、残念ながら岩山の麓近くまで行って引き返した。帰途の検問所はここで働く人や観光客で行列ができていた。

　岩塊からなるこの岬は大西洋と地中海を繋ぐ重要な戦略上の拠点であり、スペイン王位継承戦争期（1701-1713/4）にイギリスに占領され、1713年のユトレヒト条約でイギリスに統治権が与えられた。その後、両国間に度重なる攻防戦が起こり、1783年のヴェルサイユ条約でイギリスの所有権が批准され、1830年にコロニーとして宣言されて今日に至っている。ガイドブックによれば、現在、人口はおよそ3万人であり、大多数がスペイン語を話すカトリック教徒であるが、イングランド国教会やプロテスタントに属する人びと、ユダヤ人やイスラム教徒、ヒンズー教徒も住んでいるという。

　単調な旅行記に過ぎなくなったが、私はこの旅でヨーロッパおよびアフリカ両岸からジブラルタル海峡を眺めることができておおいに満足している。天候に恵まれて、両岸からは対岸地域がくっきりと展望できた。それは諸民族が新しい天地を求めて渡峡したいという衝動に駆り立てられるような景観であった。両岸に立って、私の脳裏には、この海峡を目指した諸民族の動き、ことにレコンキスタ時代の人びとの躍動する姿が浮かんできた。

　今日、われわれは、この海峡の両岸地域を異なる文化圏として区別しがち

であるが、双方ともに多様な要素を融合しつつも、ひとつの共通の地中海的文化圏が形成されていることをあらためて実感した。それは海を介した諸民族の長い交流の歴史のなかで生まれたものであり、今日の政治的あるいは宗教的な枠組みとは異なる、現地を踏んで初めて感じうる基層の文化圏である。

おわりに

　本書は、2011〜2018年の間に、私がヨーロッパの史跡を歩いて記述した雑文をいくつか選んでまとめたものである。この期間は私の旅にも大きな影響を及ぼす出来事が各地で起こった。

　ヨーロッパへ発つ数日前に起こった東日本大震災は、私の心に言い知れぬ衝撃を与えた。旅先ではメディアがこの大震災を大きく報じ、現地の在留邦人が生の情報を求めて近寄ってきた（Ⅰ.3）。また、この時期のヨーロッパはパリの同時多発テロ事件をはじめ、ブリュッセル、ニース、ミュンヘン、ベルリン、ロンドンなど主要都市で恐ろしいテロ事件が起こった。これら一連の事件により、ヨーロッパは緊張した空気に包まれ、空港や鉄道駅では厳しい検問がなされ、随所に警戒に当たる警官が配備されていた。

　テロ事件だけではない。激増する移民・難民流入にEU諸国は困惑し、各地のメディアは難民の悲惨な状態を報じ対策を巡ってあれこれ議論していた。また、スペインのカタルーニャ州では先鋭な独立運動に遭い（Ⅰ.1）、マドリードではエボラ出血熱の感染の怖さを身近に感じ（Ⅳ.2）、ジブラルタル渡峡の際は「ジャスミン革命」の余波の影響も被った（Ⅳ.3）。この時期のヨーロッパの旅は正直、不安や緊張が付きまとった。

　こうした暗い世相のなかにあっても、史跡に立つ喜びは格別であった。史跡を見る目は曇りがちであったが、訪れた先の穏やかで美しい景観は私の心を癒してくれた。印象的であった景観はできるだけ本文に盛り込むように努めたが、大震災直後に見たモーゼル川とライン川が合流するコブレンツ（Ⅰ.3）や、ドナウ・イン・イルツ3川の合流点に位置するパッサウ（Ⅲ.8）、あるいはタリファやセウタから見たジブラルタル海峡（Ⅳ.3）などは今も心に浮かんでくる。

　現地の人びととの触れ合いも旅の楽しさを倍加させてくれた。いつもながら史跡へのアクセスには苦労したが、旅先では人びとの親切さに助けられ人

情の機微にもふれた。フランスのアヌグレイ（Ⅲ.5）、ドイツのフリッツラー
（Ⅲ.8）、スペインのオウレンセ（Ⅳ.2）などでは住民が目的地まで案内して
くれた。イタリアのスビアコで出会った「炭坑節」を踊るイタリア人修道士
や、食卓を共にしたジェノヴァ人医師夫妻も忘れがたい（Ⅲ.3）。

　食べ物や飲み物も旅の疲れを癒してくれた。イン橋袂の露店風食堂で出た
チロル料理（Ⅱ.1）、レーゲンスブルクのドナウ川船着場近くにある「ドイ
ツ最古のソーセージ屋」で食べた焼ソーセージ（Ⅲ.8）、サン・トノラ島の
リキュールであるレリナ・ヴェルトやレリナ・ジョーヌ（Ⅲ.1）、フライジ
ンクにある現存する「世界最古のビール醸造所」で造られたヘーフェヴァイ
ツェン（Ⅲ.8）などは折りにふれて思い出す。

　各地を訪れて撮った写真は多数にのぼる。素人写真で恥ずかしいが、現場
の雰囲気がうまく出ていると判断したものを選んで掲載した。史跡の現場を
知るのに少しでも役立てば幸いである。ただし、教会や博物館など屋内にあ
る貴重品や展示物は、多くの場合、撮影禁止であり、いつもながら肝心な写
真が掲載できず残念に思っている。なお、掲載した写真には妻恵子が撮った
ものも含まれている。彼女はしばしば旅を共にして老骨をサポートしてくれ
た。記して感謝したい。

　今回は私が愛知学院大学在職中からお世話になっていたあるむ社に出版を
お願いした。同社の中村衛氏と吉田玲子氏に厚くお礼申し上げる。

主な参考文献

※事典・辞典類および案内書等は多数にのぼるため省略した。
※文献末尾の（ ）内は主に参照した本書の部および章を示す。

Alcuin, *Vita Sancti Willibrordi*, Levison W. (ed.) in, *MGH, SRM*, t. 7, Hannover, 1979[2]. (Ⅲ. 7)

Adomnan of Iona, *Life of Saint Columba*, Sharpe, R. (ed. tr.), London, 1995. (Ⅲ. 4)

Avitus Viennensis, *Epistolae ad diversos, Ep. 46*, Pepier R. (ed.), in, *MGH, AA*, t. 6, Berlin, 1961[2]. (I . 2)

Bede, *The Ecclesiastical History of the English People*, Judith, M. / Roger, C. (ed. tr.), Oxford, 1994. (Ⅲ. 4, 7)

Dräger, P. (ed. tr.), *Alcuini, Vita Sancti Willibrordi : Das Leben des heiligen Willibrord*, Trier, 2008. (Ⅲ. 7)

Fredegar, *Chronica: The Fourth Book of the Chronicle with its Continuations*, Wallace-Hadorill, J. M. (ed. tr.), London, 1960. (Ⅲ. 5)

Grégoire le Grand, *Dialogues*, t. 2, Vogüé, de A. (ed.) / Antin, P. (tr.), in, *Sch*, 260, Paris, 1979. (Ⅲ. 3)

Hiraire d'Ares, *Vie de Saint Honorat*, Valentin, M.-D. (ed. tr.), in, *Sch*, 235, Paris, 1977. (Ⅲ. 1)

Jonas de Bobbio, *Vie de Saint Colomban et de ses disciples*, Vogüé, de A. / Sangiani, P. (ed. tr.), Paris, 1988. (Ⅲ. 5)

Melczer, W. (ed. tr.), *The Pilgrim's Guide to Santiago de Compostela*, New York, 1993. (Ⅳ. 2)

Paulus Diaconus, *Historia Langobardorum*, Bethmann, L. / Waitz, G. (ed.), in, *MGH, SRL*, Hannover, 1964[2]. (Ⅱ . 1)

Paul the Deacon, *History of the Lombards*, Peters, E. (ed.) / Foulke, W. D. (tr.), Philadelphia, 1974[2]. (Ⅱ . 1)

Riché, P. / Tate, G. (ed. tr.), *Textes et Documents d'Histoire du Moyen Âge, 5ᵉ–10ᵉ siècles*, t. 1–2, Paris, 1972–1974. (I . 2, Ⅲ. 5, 6)

Salvian, The Government of God, in, *The Writings of Salvian, the Presbyter*, Schopp, L. (ed.) / O'sullivan, J. F. (tr.), Wasington, 1962. (I . 3, Ⅲ. 1)

Shanzer, D. / Wood, I. (ed. tr.), *Avitus of Viennne, Letters and Selected Prose*, Liverpool, 2002. (I . 2)

Sulpice Sévère, *Vie de Saint Martin*, Fontaine, J. (ed. tr.), t. 1–3, in, *Sch*, 133–135, Paris, 1967–1969. (Ⅲ. 2)

Talbot, C. H. (ed. tr.), *The Anglo-Saxon Missionaries in Germany: Being the Lives of S. S. Willibrord, Boniface, Strum, Leoba and Lebuin*, New York, 1954. (Ⅲ. 7, 8)

Vogüé, de A. / Neufville J. (ed. tr.), *La Règle de Saint Benoit*, t. 1–6, in, *Sch*, 181–186, Paris, 1971–1972. (Ⅲ. 3)

Willibaldus, *Vitae Sancti Bonifatii Archiepiscopi Moguntini*, in, *MGH, SRG*, Levison W. (ed.),

Hannover, Leipzig, 1905. (Ⅲ. 8) (cf. Talbot, *op. cit.*)

Bottineau, Y., *Les Chemins de Sant-Jacques*, Paris, 1983. (Ⅳ. 2)

Collins, R., *Early Medieval Spain: Unity in Diversity, 400–1000*, London, 1983. (Ⅰ. 1, Ⅳ. 1, 2, 3)

Dunn, M. / Davidson L. K., *The Pilgrimage to Compostela in the Middle Ages*, New York / London, 2000. (Ⅳ. 2)

Dunn, M., *The Emergence of Monasticism: From the Desert Fathers to the Eary Middle Ages*, Oxford, 2003. (Ⅲ. 1, 2)

Garnier, F., *La légende dorée des saints de France du Moyen Âge*, Paris, 1965. (Ⅲ. 1, 2)

Geary, P. L., *Before France and Germany: The Creation and Transformation of Merovingian Gaul*, Oxford / New York, 1988. (Ⅲ. 5)

Rabe, C. / Round, G., *Camino de Santiago : Way of James from the Pyrenees to Santiago*, Munich, 2007. (Ⅳ. 2)

Riché, P., *Les Carolingiens : Une famille qui fit l'Europe*, Paris, 1983. (Ⅲ. 7)

Vivies, B. / Azam, J.-P, *Les Chemins de Sant-Jacques de Compostelle*, Albi, 2006. (Ⅳ. 2)

Webb, D., *Medieval Europian Pilgriimage, c. 700–c. 1500*, New York, 2002. (Ⅳ. 2)

Wood, I., *The Merovingian Kingdoms, 450–751*, London / New York, 1994. (Ⅲ. 5)

Wood, I., *The Missionary Life: Saints and the Evangelisation of Europe, 400–1050*, Harlow, 2001. (Ⅲ. 7, 8)

〈略語〉
MGH: Monumenta Gerumaniae Historica　　　SRM: Scriptores rerum Merovingicarum
AA: Auctores Antiquissimi　　　　　　　　　SRL: Scriptores rerum Langobardorum
SRG: Scriptores rerum Germanicarum　　　　Sch: Sources chrétiennes

グレゴリウス1世「対話」矢内義顕訳、上智大学中世思想研究所編『中世思想原典集成』第5巻所収、平凡社、1993年．（Ⅲ. 3）
スルピキウス・セウェルス「聖マルティヌス伝」橋本龍幸訳、『中世思想原典集成』（同書）第4巻所収、平凡社、1999年．（Ⅲ. 2）
ヌルシアのベネディクトゥス「戒律」古田暁訳、『中世思想原典集成』（同書）第5巻所収、1993年．（Ⅲ. 3）
ベーダ『イギリス教会史』長友栄三郎訳、創文社、1965年．（Ⅲ. 4, 5, 6）
ベーダ『英国民教会史』高橋博訳、講談社、2008年．（Ⅲ. 4, 5, 6）
ボニファティウス「書簡集」梶山義夫訳、『中世思想原典集成』（前掲）第6巻所収、1992年．（Ⅲ. 8）

イム・ホーフ, U.『スイスの歴史』森田安一監訳、岩井隆夫他共訳、刀水書房、1997年．（Ⅱ. 2）

エリュエール, C.『ケルト人——蘇るヨーロッパの〈幻の民〉』鶴岡真弓監修、田辺希久子他訳、創元社、1994年.（Ⅲ. 4, 5, 6）

今野国男『修道院』近藤出版、1971年.（Ⅲ. 1〜8）

今野国男『修道院——祈り・禁欲・労働の源流』岩波書店、1981年.（Ⅲ. 1〜8）

牛島信明／福井千春訳『わがシッドの歌』国書刊行会、1994年.（Ⅳ. 1）

坂口昂吉『聖ベネディクトゥス——危機に立つ教師』南窓社、2003年.（Ⅲ. 3）

清水里美「イングランド時代のボニファティウス」『文研会紀要』（愛知学院大学）20、2009年.（Ⅲ. 8）

ジンマーマン, M.／ジンマーマン, M. C.『カタルーニャの歴史と文化』田澤耕訳、白水社、2018年.（Ⅰ. 1）

立石博高他編『スペインの歴史』昭和堂、1998年.（Ⅰ. 1, Ⅳ. 1, 2, 3）

橘セツ「スコットランド西部アイオナ島の歴史と巡礼ツーリズムの素描」『神戸山手大学紀要』16、2014年.（Ⅲ. 4）

長南実訳『エル・シードの歌』岩波書店、2016年.（Ⅳ. 1）

鶴岡真弓／松村一男『図説ケルトの歴史文化・美術・神話を読む』河出書房新社、2017年.（Ⅲ. 4, 5, 6）

徳田直弘「ガロ・ロマン末期のローヌ修道制——レランス修道院とその周辺」上智大学中世思想研究所編『中世の修道制』所収、創文社、1989年.（Ⅲ. 1）

ノウルズ, M. D. 他『中世キリスト教の成立』キリスト教史第3巻、上智大学中世思想研究所編訳、講談社、1983年.（Ⅲ. 7, 8）

ビセンス-ビーベス, J.『スペイン——歴史的省察』小林一宏訳、岩波書店、1987年.（Ⅰ. 1, Ⅳ. 1, 2, 3）

フレッチャー, R.『エル・シッド——中世スペインの英雄』林邦夫訳、法政大学出版局、1997年.（Ⅳ. 2）

ミーハン, B.『ケルズの書——ダブリン大学トリニティ・カレッジ図書館写本』鶴岡真弓訳、岩波書店、2015年.（Ⅲ. 4）

森泰男「ケルト系修道院文化はローマ・カトリック教会に屈したのか？——ウィットビー教会会議の文化史的意義について」『国際文化論集』（西南学院大学）1–19、2010年.（Ⅲ. 4, 5, 6）

矢内義顕「聖ベネディクトゥスの『戒律』とその霊性」『中世の修道制』（前掲）所収.（Ⅲ. 3）

歴史学研究会編『巡礼と民衆信仰』青木書店、1999年.（Ⅳ. 2）

ローマックス, D. W.『レコンキスタ——中世スペインの国土回復運動』林邦夫訳、刀水書房、1996年.（Ⅳ. 1）

渡邊昌美『巡礼の道——西南ヨーロッパの歴史景観』中央公論社、1980年.（Ⅳ. 2）

橋本龍幸（はしもと　たつゆき）

1941年　愛知県生まれ

愛知学院大学名誉教授　文学博士

著書　『中世成立期の地中海世界』（南窓社，1997年）

　　　『聖ラデグンディスとポスト・ローマ世界』（南窓社，2008年）

　　　『ヨーロッパ史跡探訪──歴史への誘い』（南窓社，2011年）

　　　他（共著、訳書等）

ヨーロッパ史跡巡歴──ローマ文明の周縁を歩く

2020年5月30日　第1刷発行

著者──橋本龍幸

発行──株式会社あるむ

〒460-0012 名古屋市中区千代田3-1-12

Tel. 052-332-0861　Fax. 052-332-0862

http://www.arm-p.co.jp　E-mail: arm@a.email.ne.jp

印刷──興和印刷・精版印刷　　製本──渋谷文泉閣